理想の授業が**明日スグできる！**

ロイロノートのICT
"超かんたん" スキル

令和の
日本型学校教育編

ロイロ認定
ティーチャーたちが伝授！

和田 誠
（執筆者代表）

井上 嘉名芽

小木曽 賢吾

黒川 智子

田中 栄太郎

吉金 佳能

澁谷 洋平

鍵本 優紀

青山 雄司

市野 嘉也

犬飼 龍馬

遠藤 隆平

門屋 孝明

斎藤 真彦

武内 俊樹

中村 天良

中村 優希

浜屋 陽子

山本 雄登

● 協力
㈱ LoiLo

子どもが
楽しんで学ぶ！

対話的な
学びができる！

個別最適な
学びが実現！

時事通信社

教師の「パワースーツ」である ロイロノートを上手に活用しましょう！

● 「個別最適な学び」と「協働的な学び」の実現が 求められています

「令和の日本型学校教育」という言葉を聞いたことはありますか？
これは 2021 年に中央教育審議会が出した答申のタイトルにある言葉で、正式には「『令和の日本型学校教育』の構築を目指して～全ての子供たちの可能性を引き出す，個別最適な学びと，協働的な学びの実現～」です。この答申では、令和という新しい時代の学校教育の姿について、一人ひとりの学びを最適化するとともに、他者と支えあう協働的な学びと位置付けています。

しかし、学校現場に身を置いている教師の立場からすると、「個別最適な学びと協働的な学びを実現する」ことは大変難しい、というのが率直な感想ではないでしょうか。一人ひとりに違う教材を用意する。協働的にたっぷり対話する時間を用意する。子どもの成長のために、教師なら誰もがそんな理想の授業をしたいと願っています。でも、それらの準備にかける時間や予算、人員の余裕はありません。「自分の授業を改善したいけれど、実際はできていないな。子どもに申し訳ないな」と感じている教師も多いと思います。

こういったジレンマを解消する鍵があります。「情報通信技術（ICT）」です。ICT は、学習者一人ひとりにあわせた学び方をサポートするとともに、学習者主体の活動的・協働的な学習を実現するためのツールとなります。ICT をうまく使えば、教師は個別最適な学びの提供や協働的な学びの促進を実現できるだけでなく、子ども自身も自らの学びを深め、主体的な学習者として成長することができます。

● 「ロイロノート」は教師にとっての「パワースーツ」です

　私は、ICT とは教師の「パワースーツ」のようなものだと考えています。パワースーツを使えば、重たいものでも持ち運べるようになります。同じように、教師が ICT を使えば、これまで時間や労力の問題でできなかったことが、かんたんに実現できるようになります。

　しかも、本書で取り上げる「ロイロノート」は、面倒な専門知識も必要なく、直感的に使用できるアプリです。子どもは自分の学びをアプリに記録し、共有することができます。教師は子どもの学びの進捗状況や理解度をリアルタイムで把握し、きめ細やかにフィードバックして、個別最適な学びを実現することができるようになります。また、アナログでは不可能だった様々なコミュニケーションも可能となり、協働的な学びも実現できます。

● すぐにできる 26 の「超かんたんスキル」をご紹介します

　本書では、そんな理想の授業を実現する 26 本のスキルを紹介します。執筆者は全国のロイロ認定ティーチャーの教師です。認定ティーチャーと聞くと、ICT のすごい達人をイメージするかもしれませんが、実際はそんなに得意ではない人もいます。ただ、授業や教育に対する熱い情熱があり、「おもしろい授業をしたい！」という一心で試行錯誤した結果、ICT を使った革新的な取り組みにいきついたのです。

　26 のスキルは、どれも ICT が苦手な人でもできる「超かんたん」な実践です。「失敗してもいいからやってみよう」ぐらいの軽い気持ちでチャレンジしてみてもらえるとうれしいです。きっと新しい世界が待っているはずです。

　改めて本書を手にとっていただき、ありがとうございます。一緒に新たな学びの旅を始めましょう。

執筆者を代表して　和田誠

もくじ

「個別最適な学び」を実現したい！

協働的に学ぶ活動をしたい！

子どもが主体的に学ぶ授業をしたい！

「対話的な学び」を実現したい！

この本の使い方

教師の「願い」ごとにスキルを分類しています。

スキル名です。

教師の「困りごと」を、ICT を使ってどう解決するのかを解説しています。

本書のスキルは、特に断りがない限り、インターネットに接続できる PC とタブレットのどちらでも実践可能なものを紹介しています。そのため、特別な場合を除き、「クリック」や「タップ」といった用語はすべて「押す」と表現しています。

子どもが主体的に学ぶ授業をしたい！

09 学習内容が一目で見通せて主体的に動けるようになる！
「デジタル "学習マップ" づくり」

こんな「困った」ありませんか？

● 学びの見通しが立てられない子どもたち

今から何を学ぶのか理解してない子どもがいます。授業中、何をしているかわかっていないので、撮影した写真・動画も適当に保存して、あとで振り返りや復習をしようとしても活用できない姿をしばしば見かけます。

ICT でこんな授業に変わる

● 知識を構造化し、振り返りもかんたんにできるようになる

単元の学びを1枚のカードにまとめ、「学習マップ」として子どもたちに示します。これにより子どもたちは単元の学びを俯瞰し、学習事項を関連付けながら知識を構造化し、概念を形成していくことができるようになります。また、1枚のカードに単元の学びを整理しておくことで、後で振り返りをしやすいという効果もあります。年度の最後に、作成した複数の学習マップを確認しながら振り返りをするといったことも可能です。

● デジタルデータを整理する経験と力が身につく

子どもたちは配布された学習マップに、授業を通して学んだことをまとめていきます。子どもたちは、学習マップで学びの見通しを立て、知識・技能を得るだけでなく、必要な情報（カード）を取捨選択しながらデジタルデータを整理する力を身に付けることもできます。

46

注意・必ずお読みください

- ●本書の内容は、2023年6月時点の最新情報をもとにしています。お使いの機種や OS、アップデートの状況によっては、操作方法や表示画面が異なる場合もあるので、ご了承ください。
- ●インターネット上の情報は、URL やサービス内容が変更される可能性があるので、ご注意ください。
- ●本書は、ICT を活用した実践の紹介のみを目的としています。本書の実践を運用する際は、必ずお客様自身の責任と判断でおこなってください。本書の利用によって生じる直接的・間接的な運用結果について、時事通信社と著者はいかなる責任も負いません。

実践する際のコツをまとめています。

スキルのやり方は「準備編」→「実践編」→「展開編」に分けて紹介しています。

ロイロノートのログインなど、基本的な操作は省略しています。詳しく知りたい方は右記のQRコードよりご参照ください。

学びが1枚のカードを通せて、振り返りたんに！

単元で撮影した写真や動画を整理する力も身に付く！

実践のポイント

● 単元を通して授業をデザインする。
● 授業の導入で単元の目標や大まかな学習計画を子どもと共有する。
● 授業の最後に子どもが学習を振り返り、デジタルデータを整理する時間を確保する。

やり方

STEP 1 準備編

● 本実践では、シンキングツールとカード in カードの機能を使って、子どもたちが右のような学習マップを完成させていく。具体的な手順を以降で示す。

47

子どもが主体的に学ぶ授業をしたい！

応用編

・今回は理科の例を取り上げたが、どの教科でも応用可能。特に、写真や動画を使う学習において効果が高い。
・単元の流れを意識するためにプロット図を使っているが、学習内容によっては、「ピラミッドチャート」や「ダイヤモンドランキング」も効果的。そうした選択を学習者自身がおこなえるようになるとベスト。

学習に関連する動画（NHK for School）のリンクをWebカードにして配信すると、このようにマップに整理している子どもが多く見られる

写真や動画は、必要なものだけを残していく。情報の取捨選択は、重要な力

紙の資料をデジタルでも配信することで、学習マップに蓄積されていく

実践者からのワンポイントアドバイス

私は、すべての単元で学習マップを使用しているわけではありません。ある程度まとまった時間を確保できる単元の学習で活用するようにしています。
マップを使って、子どもたちと単元のゴールや大まかな流れを共有することで、子どもがより主体的に学習に取り組むことにつながります。
注意点を1つ。マップを完成させることが目的になってはいけない、ということです。型は示しますが、子どもなりに整理しようとしている姿があれば、どんなまとめ方でも尊重することが重要です。

（吉金）

51

同じスキルや似たスキルを使った、発展的な実践を紹介しています。

実践するにあたっての執筆者からのアドバイスです。

01 座標軸で自分の「わかる／わからない」を可視化！
「学びの『自己調整チャート』」

こんな「困った」ありませんか？

● 自分の理解度がわからず、学習に取り組めない子どもたち

　テスト前の学習など、自分で何をすればいいのかわからない子どもがいます。教師が一人ひとりの能力に応じた問題を準備してもいいのですが、時間もかかる上に、何より子どもたちの自主性が育ちません。

　子ども自身が自分の理解度を把握して、授業の内容や単元テストなどの振り返りの学習を進められるようになることで、真の「個別最適な学び」が実現できるはずです。

ICT でこんな授業に変わる

● チャートを使って子どもが自分の理解度を把握する

　「理解した／理解していない」「取り組んだ／取り組んでいない」の２つの座標軸でつくったチャートを活用すると、子どもたちが自分の理解度や取り組み回数をひと目で把握できるようになります。「理解した」「取り組んだ」の右上の座標を目指し、何に取り組む必要があるか、子ども自身で調整できるようになります。提出箱で定期的に提出させることで、教師も子どもの学習状況を把握し、個々にあったアドバイスをすることもできるようになります。

● 子どもたちのやる気が出る！

　子どもたちは、取り組んで理解できるようになった結果が目に見えてわかるようになるので、より学びへの意欲が高まります。

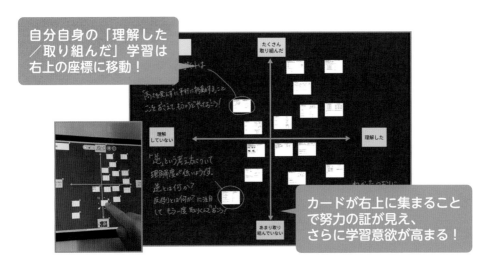

自分自身の「理解した／取り組んだ」学習は右上の座標に移動！

カードが右上に集まることで努力の証が見え、さらに学習意欲が高まる！

実践のポイント

● 授業で取り組んだプリントなどを座標軸に貼り付けて配布する。
● 「理解した / 理解していない」「取り組んだ / 取り組んでいない」の視点で、カードを移動させ、自分の置かれている状況を可視化する。

やり方

STEP 1 準備編

❶普段から資料箱に授業のプリントや単元テスト、振り返りシートなどを保存しておく。

❷シンキングツールの「座標軸」を使って「理解した / 理解していない」「取り組んだ / 取り組んでいない」の2つの座標軸のチャートをつくる。そこに資料箱のプリントなどを貼り付ける。

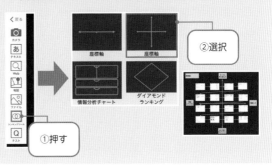

②選択

①押す

STEP 2 実践編

❶チャートを「送る」にドラッグし、子どもに配付。子どもはチャート上のカード（プリントや単元テストなど）を、取り組み状況にあわせて移動させていく。すべてのカードが「理解した」になることを目標とする。

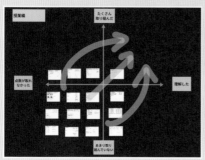
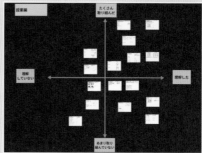

STEP 3 展開編

❶たまにチャートを提出箱に提出させて、子どもの取り組みと成果にズレがないか確認する。対話を通してアドバイスやフィードバックをおこない、指導と評価の一体化を図る。

ここにチャートをドラッグして指定の提出箱に提出

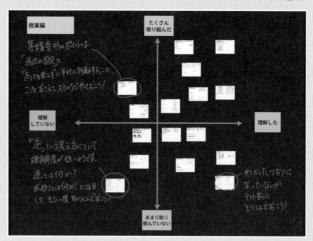

応用編

・テスト後には、軸を「理解した／理解していない」、「点数がとれた／点数が
とれなかった」に変化させ、もう一度カードを移動し直すことによって、取
り組み状況と結果の差を感じさせることもできる。

・下の画像のようにシンキングツールの「情報分析チャート」を用いて、具体
的にできることを言語化させて提出させると、自分自身の力で学び方を選択
していく「自己調整力」の育成もできる。

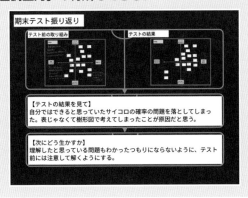

実践者
からの
**ワンポイント
アドバイス**

　私は以前プリント学習に取り組んだ回数のみを子
どもに提出させていました。しかし、学習に取り組
んだ回数とテストの点数は必ずしも相関関係にない
ことがわかってきました。勉強に「取り組む」こと
は「手段」で、「目的」ではありません。そこで、「理
解できたかどうか」の軸を追加したところ、子ども
自身が自分の状況を目に見える形で把握できるよう
になり、何に取り組めばいいのかがはっきりして効
果的に学習するようになりました。そこまで準備も
大変ではなく、効果も絶大なので、かなりオススメ
の実践です！　　　　　　　　　　　　　　（市野）

02

子どもたちが個々に目標を立てて学習に熱中する！

「超かんたん学習計画 シートづくり」

こんな「困った」ありませんか？

● 紙の学習計画を作成させると活動時間が足りなくなる

子ども自ら学習課題を設定し、計画を立てて活動するような探究的な学びにおいては、個々に学習計画を立て、見通しをもって活動することが重要です。学習計画をまとめさせると有効なのですが、紙でおこなうと、子どもが作成するのも、教師がチェックするのも大変で、肝心の活動時間を確保することが難しくなります。

ICTでこんな授業に変わる

● デジタルでお手軽に学習計画シートがつくれる

ロイロノートで学習計画のテンプレートをつくることで、こうした活動をより手軽に、より効果的におこなうことができます。

子どもは学習計画を立てる中で活動の見通しをもち、学習課題に対する意識を高めていくことができます。

● 活動時間も確保できるようになる

一度の授業で解決しないような課題の場合、毎時間の学習計画を紙で提出させ、教師が管理するのはかなりの手間でした。しかし、デジタルならかんたんに複製することができるので、子どもにとっても負担にはならず、活動の時間にも影響は出ません。

子どもが自分で本時の「目標」を立て、見通しをもって、自ら活動できるようになる！

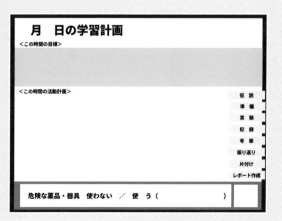

テンプレート作成も記入もデジタルで時間をとらない！

実践のポイント

● 子どもの学習活動を想定してテンプレートを作成する。
● 課題に対して、子ども自ら学習計画を立てて学習を進めていくような場面、特に実験や観察、運動、工作など、活動をともなう学習活動で有効。

やり方

STEP 1 準備編

● 本実践では、画像のような学習計画シートを作成して、子どもたちに記入させる。具体的な手順を以降で示す。

月　日の学習計画
＜この時間の目標＞

＜この時間の活動計画＞

| 仮 説 |
| 準 備 |
| 実 験 |
| 記 録 |
| 考 察 |
| 振り返り |
| 片付け |
| レポート作成 |

危険な薬品・器具　使わない　／　使　う（　　　　　　　）

❶「カード in カード」で白いカードの上に、透明のカードを置いて、必要な項目を入力し、サイズを調整する。

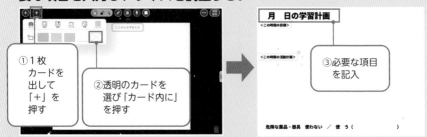

①1枚カードを出して「+」を押す

②透明のカードを選び「カード内に」を押す

③必要な項目を記入

❷下記では、「目標」の欄を目立たせるために、色付きのカードを追加し、サイズを調整した。

❸ここでひと工夫。「目標」を入力するカードのテキスト配置を「上下左右中央揃え」にしておき、テキストのサイズも20ptと目立つ大きさにしておく。これにより子どもが入力すると、自然と見やすいサイズになる。

上下左右中央揃え

テキストは20ptに

❹本時では同様に、「危険な薬品・器具」の使用申請欄も作成。この時に、白いカードで、サインのスペースもつくる。

サインのスペース

❺次に、学習内容を示す「学習活動カード」を作成する。色付きのカードを追加して、想定される活動を記入し、サイズを調整。画像のように、横長にするのがおすすめ。

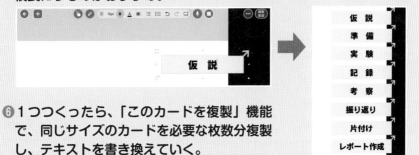

❻1つつくったら、「このカードを複製」機能で、同じサイズのカードを必要な枚数分複製し、テキストを書き換えていく。

①複製するカードを選び、ここを押す

②選択

❼レイアウトを整え、学習活動カード以外をピン止め（P24 参照）して完成！

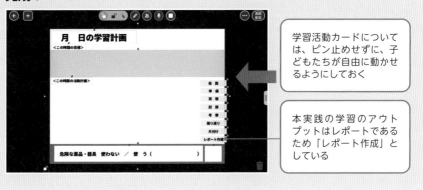

学習活動カードについては、ピン止めせずに、子どもたちが自由に動かせるようにしておく

本実践の学習のアウトプットはレポートであるため「レポート作成」としている

15

❶子どもたちに学習課題を提示する。今回は、4年理科「ものの温まり方」において、水の温まり方について各自が調べてレポートにまとめるというプロジェクト型の学習活動である。

❷学習計画シートを全員に送り、子どもたちは、「学習活動カード」を活用して、本時の学習計画を立てる。

＊本実践は個別学習でおこなったが、グループ学習でおこなう場合は、グループで1枚の学習計画シートを使用する。

子どもたちが本時の具体的な目標を自分で考え、記入する

子どもたちは、中心となると考える活動の学習活動カードを大きくする

本時でおこなわない学習活動カードもそのまま残しておく（消さない）

理科の場合、かんたんな実験図を描くことをすすめている

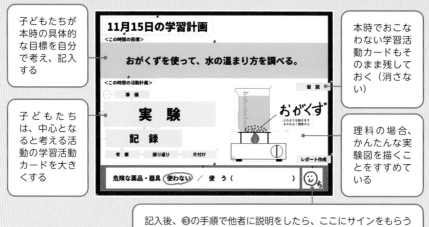

11月15日の学習計画

＜この時間の目標＞

おがくずを使って、水の温まり方を調べる。

＜この時間の活動計画＞ 仮 説

準 備

実 験

記 録

考 察 振り返り 片付け

レポート作成

おがくず
どのような動きをするかをよく観察する

危険な薬品・器具 使わない ／ 使 う（　　　　　　　）ち

記入後、❸の手順で他者に説明をしたら、ここにサインをもらう

❸学習計画を立てた子どもは、ほかの子どもか教師に本時の目標と活動内容を説明する。説明を聞いた子は、①その活動が科学的かどうか、②安全面に問題がないかという2点を確認し、問題ないようであればサインスペースにサインをする。

＊判断が難しい場合は、教師のところへ回ってもらうように指示する。

❹子どもは、サインをもらったら、指定の提出箱へ提出し、本時の活動を開始する。

実際の作例

具体的な活動が決まっていない子は、このようなカードを作成した。

視覚的に、どの学習段階に力を入れて、どのような活動をするのかがわかる。

応用編

・理科の例を取り上げたが、ほかの教科でも応用可能。子ども自ら学習課題を設定し、学習計画を立てるような活動では、このようなデジタルの計画シートが効果を発揮する。デジタル化することで、子どもの考えが可視化され・共有しやすくなるので、活動の質が高まっていく。

実践者
からの
**ワンポイント
アドバイス**

　「探究」がこれからの教育のキーワードの1つとして注目されています。探究の目的は「主体的・対話的で深い学び」の実現です。学習計画シートは、主体的・対話的・深い学び、の3つのキーワードにつながる実践です。

　活動に対する目的意識を高め、また、シートに他者のサインのスペースをつくることで、自然と対話を通した相互フィードバックがおこなわれます。これにより、相手の考えを批判して見る力も高まり、より質の高い学びとなります。　　　（吉金）

03

テストで自分の間違い箇所のみを振り返れる！
「デジタルで解答配布＆教えあい活動」

こんな「困った」ありませんか？

● テストの採点後の集計・傾向把握が大変

　テストを採点した後、子どもの課題や全体の傾向を集計・把握することは、教師の指導の改善のためにも欠かせない大切な作業です。しかし、忙しい成績処理の時期に、時間がかかる作業はできるだけ短縮したいものです。

● テスト返却後の解説の時間が非効率

　また、返却時に全体で問題の解説をしますが、間違えた問題は個々で違うので効率が悪く、正解した問題については不要な時間となってしまいます。正直この時間がもったいないと感じます。

ICTでこんな授業に変わる

● テストで間違った問題は、子どもたち同士で教えあう

　テストの返却時に解答をデジタルで配布し、子ども自身に答えあわせをさせます。間違えた問題は子ども同士で教えあいます。自分たちで必要な部分だけを説明しあうので、全体で解説する時間を削減できます。

● 子どもの課題は「アンケート」で個別に把握

　子どもの課題については、「アンケートカード」を配布し、子どもの振り返りを集計し、把握します。子ども自身が何を課題と感じていて、今後どこを努力したいのかを知ることができるので、今後の指導に活かせます。

子ども同士で互いに「わかってないところ」のみを教えあう

「一斉授業」的に全体にテスト問題の解説をする時間が省ける！

実践のポイント

● アンケートの精度を上げるため、設問の「ジャンル」を明確に意識してテストを作成する。
● 子どもには、テストの結果に一喜一憂するのではなく、わからないところをクリアにする意識をもたせる。

やり方

STEP 1 準備編

❶テストの実施前にアンケートを作成する。ツールバーの「テスト」から「アンケート」を選び、「編集」を押す。

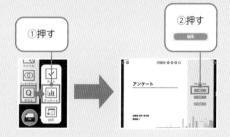

①押す

②押す

編集

❷アンケートの「タイトルを入力」に記入し、「集計結果」と「回答者名」を設定する。

※基本的に集計結果は「作成者と先生のみ表示」、回答者名は「作成者のみ」のままでよい。

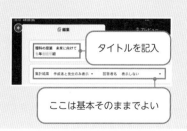

タイトルを記入

ここは基本そのままでよい

❸「質問を入力」にアンケート項目を記入していく。
※以下は理科のテストで配布するアンケートの例。

1　今回のテストで自分ができたジャンルは何ですか　［複数選択］
　　・知識・考える力・観察する力・実験する力・できたものはない

2　今回のテストで自分ができなかったジャンルは何ですか　［複数選択］
　　・知識・考える力・観察する力・実験する力・できなかったものはない

3　今後、一番レベルアップしたいジャンルは何ですか　［単一選択］
　　・知識・考える力・観察する力・実験する力

4　3のジャンルをレベルアップさせるために、今後の理科の授業で実
　　行することを具体的に考えましょう　［自由記述］

※全て［回答必須］に設定

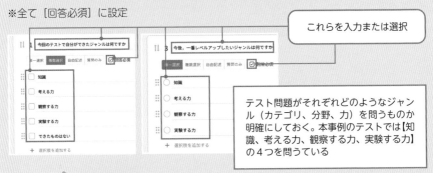

これらを入力または選択

テスト問題がそれぞれどのようなジャンル（カテゴリ、分野、力）を問うものか明確にしておく。本事例のテストでは【知識、考える力、観察する力、実験する力】の4つを問うている

STEP 2 実践編

❶テストの答案を返却する前に、解答プリントを「送る」で配布する。その際に上記で設定した問題のジャンルも明示しておく。

送る

❷答えあわせの「方法（＝以下の❸と❹）」と「目的（＝互いに教えあい、わからないことをクリアにする）」を口頭で説明する。

❸テストを返却する。各自で、自分の答案とSTEP2❶の解答を照らしあわせて、数分間で答えあわせをする。その際に、解答プリントに間違えた問題やわからない問題にしるしをつける。

❹自分の答案はしまい、解答プリントをもって、子ども同士でしるしをつけた問題について、正しい解答とその理由を理解できるよう教えあう。

❺STEP1で作成したアンケートを「送る」で子どもに送付し、回答させる。

❻アンケートカードの「結果」を押して回答を見る。

アンケートを「送る」にドラッグ

❼結果のグラフでクラス全体の傾向を把握する。

「結果」を押す

❽画面を「回答一覧」に切り替えると、一人ひとりの回答が閲覧でき、個々の課題を知ることができる。

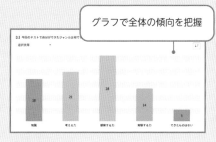

グラフで全体の傾向を把握

「回答一覧」を押すとグラフから、個別の回答に切り替わる

実践者からのワンポイントアドバイス

　テストの解説の時間は、できている子どもにとっては不要で、長いと子どもの集中が切れやすいです。子どもが互いに教えあい、全員で取り組む時間にすることで、主体的に思考するようになるので知識の定着もよくなります。また、アンケートカードの活用で、子どもが個別に落ち着いて振り返る時間をもつことができます。テストを作成する際に、問題のジャンル（どんな力を問うているか）を意識してわけておくこともポイントです。　　　　　（田中）

04 長期欠席でもその子に最適な学びを届けつづける！ 「共有ノートでリモート支援」

こんな「困った」ありませんか？

● 学校にこられない子どもへの連絡をどうしたら？

さまざまな事情で長期欠席をしている子どもがいる場合、何とかサポートしたいのですが、多忙な業務の合間に連絡をとる手段や頻度のさじ加減、また、保護者と子どものどちらに何を伝えるのがいいのか悩ましいところです。何度も連絡をすればご家庭から「心的負担が大きい」と言われ、一方で、連絡を控えていると「放っておかれている感じがする」と言われる可能性もあります。そして、何人もの教科担当者から担任に連絡事項が渡され、どんどんたまっていってしまいます……。

ICT でこんな授業に変わる

● 「共有ノート」で子どもも教師も負担なく連絡できる

共有ノートを使うと、すべての教科担当者からの課題や連絡を1カ所にまとめて子どもに伝えることができます。担任・学年団・教科担当者・管理職でシェアすれば、他教科からの課題が見えて教師間の調整もしやすくなり、子どもの状態をみんなで把握・理解し、サポートできます。

● 子どもが取り組む課題を自己決定できる！

共有ノートに置いた課題に子どもが取り組んだら、それぞれの担当者が評価をしたりコメントをつけたりして返却します。子どもは家にいながら、無理なくできる課題に好きなだけ取り組むことができます。

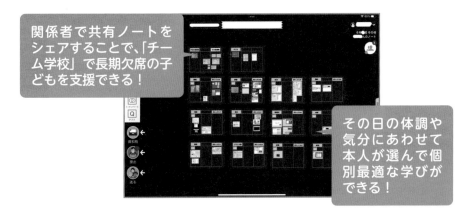

関係者で共有ノートを
シェアすることで、「チー
ム学校」で長期欠席の子
どもを支援できる！

その日の体調や
気分にあわせて
本人が選んで個
別最適な学びが
できる！

実践のポイント

● 担任が毎日一度共有ノートを開いてひとことメッセージを送ると、子どもも毎日見てくれるようになることが多い。
● 「絶対にやらないといけない」という宿題のようなスタンスではなく、家にいても自ら取り組める課題を用意しておくことによって、子どもがやりたいときに選んで活動できるよう配慮する。

やり方

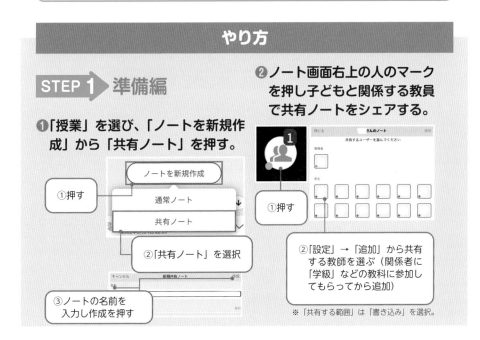

STEP 1 準備編

❶「授業」を選び、「ノートを新規作成」から「共有ノート」を押す。

①押す ──→ ノートを新規作成

通常ノート

共有ノート

②「共有ノート」を選択

③ノートの名前を
入力し作成を押す

❷ノート画面右上の人のマーク
を押し子どもと関係する教員
で共有ノートをシェアする。

①押す

②「設定」→「追加」から共有
する教師を選ぶ（関係者に
「学級」などの教科に参加し
てもらってから追加）

※「共有する範囲」は「書き込み」を選択。

❸シンキングツールを選び（こ
こでは「PMIチャート」を
使用）、必要数を複製する。

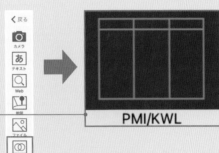

・子どもへの連絡用
・保護者への連絡用
・教科
その他、必要に応じて
増やしていく

❹ PMIチャートにカードinカード（P14参照）で必要事項を記入し、
ピン止めして固定する。

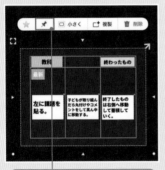

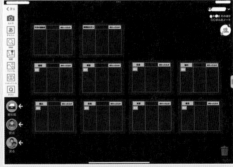

カードを長押しすると、赤い
画鋲のマークが出てくるので
押す。子どもや複数の教員が
作業をしても、どこかに移動
したり、誤ってほかの教科カー
ドの中に入ったりすることが
なくて安心！

学校から保護者向けに配付されるプリント類も、写真を
撮って「ファイル⇒写真」で選び、ここに貼っておけば、
その都度電話連絡をしたり郵送したりすることが不要に！

STEP 2 ▶ 実践編

❶教科担当者は、カードで課題やメッセージを「送る」から子どもに送信。必ずその子どもだけに送る。

> 本人だけに送った後、それを共有ノートにも貼っておく。子どもからも、送りたい教師だけにカードを送り、それを共有ノートに貼ってもらう。このちょっとした手間をかけることにより、お互いに見落としがなくて安心！

❷送ったカードは、PMI チャートの左側に貼っておく。

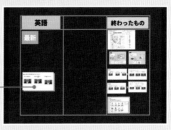

❸子どもは課題を終えたら PMI チャートの右側「終わったもの」にカードを移動する。教師はそのカードに丸付けや採点、そして励ましのコメントを書いて、真ん中に移動する。

> 語学の教師が口元を映した動画で発音の仕方を伝えたり、音楽の課題曲を送ることもかんたん

> 授業よりもややハードルを下げた活動なら、1人でも気軽に取り組める。教師からの花丸やコメントでモチベーションもアップする

実践者からのワンポイントアドバイス

学校にこられなくて家にいる子どもたちでも、案外ロイロノートを開いて提出箱にあるクラスメイトの作品を見たり、送られてきたカードを見たりしていることもあります。必要な情報を伝えつつ、家でも楽しく取り組めるような活動を提案することで、学校とのつながりを感じて、何よりも子どもや保護者に安心感をあたえることができるでしょう。

（浜屋）

05 誰もがかんたんに人の意見にリアクションできる
「マーカーで『イイね』作戦」

こんな「困った」ありませんか？

● 発表された意見にリアクションできない子どもがいる

　発表が得意な子どもの疑問のみで授業のめあてを立ててしまったり、発言ができる子どもの意見だけで授業が進んでしまったりすることがあります。本当はクラス全員の意見を汲み取りたいのですが……。

　また、クラスメイトの発表にリアクションできない子や、どのくらいの子どもが賛成！　と思っているのかも一瞬では判断しづらいですよね。

ICT でこんな授業に変わる

● 意見表明が苦手な子どもでも人の発表にリアクションできる

　ロイロノートでクラス全員の意見を共有し、子どもたちに賛同する意見に蛍光ペンのような「マーカー機能」で印をつけさせます。手元の端末で匿名で作業できるので、意見表明が苦手な子どもも負担なく人の意見にリアクションができます。テレビの街頭インタビューの丸シールのように、どの意見に注目が集まっているのかを一瞬で把握することもできるので、授業も子どもたちの興味関心に沿った展開が可能となります。

● 慣れてきたらクラスメイトの発表にコメントを寄せていく

　マーカーに慣れてきたら、クラスメイトの発表に意見やコメントを付けさせるとより発展的な授業になります。先生が板書をしなくても、子どもたちがクラスの意見を整理してくれます。

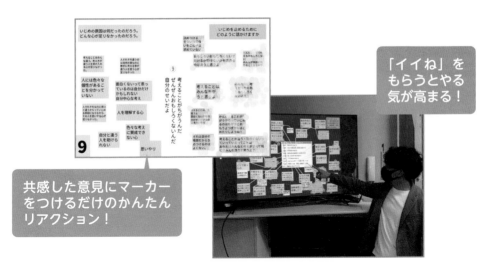

「イイね」をもらうとやる気が高まる！

共感した意見にマーカーをつけるだけのかんたんリアクション！

実践のポイント

● 普通のペンツールだと資料や文字が消えてしまうため、蛍光ペンで印を付けるように伝える。
● 蛍光ペンの太さや色も統一しておく。
● 1人何個まで印を付けてよいかクラスで決めておく。

やり方

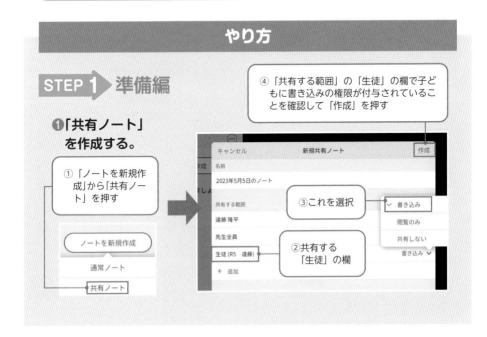

STEP 1 準備編

④「共有する範囲」の「生徒」の欄で子どもに書き込みの権限が付与されていることを確認して「作成」を押す

❶「共有ノート」を作成する。

①「ノートを新規作成」から「共有ノート」を押す

ノートを新規作成

通常ノート

共有ノート

キャンセル　　新規共有ノート　　作成

名前

2023年5月5日のノート

共有する範囲

遠藤 隆平

先生全員

生徒 (R5 遠藤)

＋ 追加

③これを選択

✓ 書き込み
　閲覧のみ
　共有しない
　　書き込み ✓

②共有する「生徒」の欄

❷子どもに示す資料
データをカード内
に貼り付け、長押
ししてピン止めし
ておく（子どもが
間違えて資料を消
したり移動したり
しないようにする
ため）。

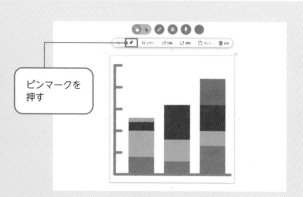

ピンマークを
押す

STEP 2 実践編

❶子どもたちは共有ノートを開き、資料を見て気付いたことや考えたことをカードで書き込んでいく。

共有ノートを押す
（人のマークが目印）

カードを選び意見を書く

例：事実は黄色、
考えは赤色で区別

❷共感したクラスメイトのカードに、「イイね」を蛍光ペンで付けていき、注目の多い意見についてクラスで話しあう。

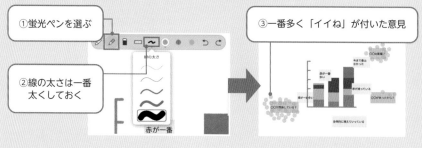

①蛍光ペンを選ぶ

②線の太さは一番
太くしておく

③一番多く「イイね」が付いた意見

【実践事例】

社会科の歴史の授業で疑問に思ったことを出しあい本時のめあてをつくる

道徳の授業でいじめを止めるためにどのような声かけをしたらよいかクラスで話しあう

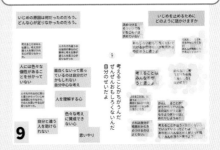

応用編

・授業の導入時に、疑問の多かったカードを組みあわせて、単元や本時のめあてを作成していくことも可能。

・学習を進めていく中で、疑問に対する答えを見つけた場合は、カードの色を変えて貼り付けていくと子どもの興味関心に沿った授業を展開していくことができるようになる。

実践者からのワンポイントアドバイス

クラス全員から意見を集めると、新たな視点で物事を捉えることができるようになり、子どもたちが主体的に解決していこうという姿勢が多く見られるようになります。子どもたちの「イイね」を拾い上げて子どもたち全員が主役となるような授業を展開していきましょう。 （遠藤）

06 入試の作文・小論文対策にもなる！ 「スモールステップ文章作成術」

こんな「困った」ありませんか？

● 作文・小論文のレベルが上がらない

　作文や小論文が「苦手」「嫌」と言う子どもは少なくありません。入試などで対策しないといけないのですが、嫌いな子どもに無理やり書かせても、なかなか上達しないどころか、うまく書けないことでますます作文・小論文アレルギーが強まっていってしまうこともあります。

ICTでこんな授業に変わる

● 意見交換・共有の場面をつくって「つまづきポイント」をクリア！

　今回の実践は、スモールステップを多く繰り返し、場面ごとに意見共有・交換を細かくおこないます。子どもが書けなくなる「つまづきポイント」はさまざまですが、ICTで意見共有・交換を頻繁におこなうことで、すべての子どもの「つまづきポイント」をケアすることができます。

● 子どもがワンランク上の文章が書けるようになる！

　今回の実践では、「相手」と「目的」を設定した上で、思考や論点を整理して書いていきます。これにより、これまでよりワンランク上の文章が仕上がるはずです。書き方に慣れてきたら、子ども同士でよい点や改善点を指摘しあう相互添削活動も可能です。また、共有ノートなどを活用し複数の子どもや教師にも相互添削に協力してもらえば、国語教師の負担も減り、かつさまざまな視点から考察することもできます。

「相手」と「目的」を提出させることで、ワンランク上の文章を書けるようになる！

子どもたちの「つまづきポイント」をスモールステップで細かくカバー

やり方

STEP 1 準備編

❶子どもが論点を整理するためのカードと見本をあらかじめシンキングツールで作成しておく（詳しくは実践編を参照）。

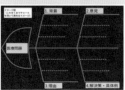

STEP 2 実践編

❶作文・小論文を書く際は、慣れるまでは「(論じる背景(ここは書かなくてもよい)→)主張(意見)→理由→体験(具体例)→まとめ」の順で書くのがよいと伝授する(慣れたらアレンジ可)。

❷子どもに作文・小論文を書く「相手」と「目的」をカードに書かせて、提出箱に提出させる。その後、無記名で回答共有をおこない、意見交換をおこなう(協働的な学び)。

誰を相手にして書くのか、どのような目的で書くのか(○○【相手】に◇◇を納得してもらうため等)によって文章の構成も変わってくるので、最初に確認しておく

❸テーマに関する主張(意見)をシンキングツールの「ウェビング」を使って書き出す。

テーマに関して、とにかくアイディアを挙げる(あっているかどうかは次のステップで考察するため、とりあえず挙げることに専念させる)。以下の例は「日本の課題」をテーマとしたもの

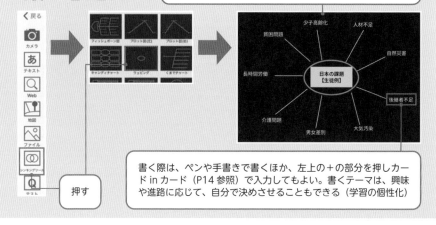

押す

書く際は、ペンや手書きで書くほか、左上の+の部分を押しカードinカード(P14参照)で入力してもよい。書くテーマは、興味や進路に応じて、自分で決めさせることもできる(学習の個性化)

❹子どもに「ツールを切り替え」で「同心円チャート」を出させたら、
　❸の主張を自分の中で書きやすい順に順位付けさせる。

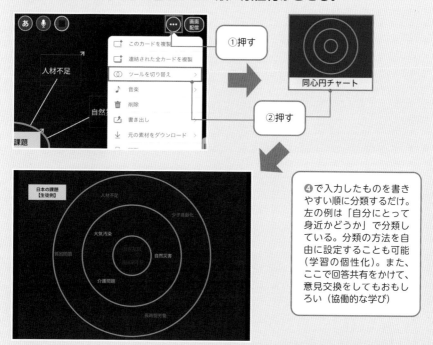

❹で入力したものを書き
やすい順に分類するだけ。
左の例は「自分にとって
身近かどうか」で分類し
ている。分類の方法を自
由に設定することも可能
（学習の個性化）。また、
ここで回答共有をかけて、
意見交換をしてもおもし
ろい（協働的な学び）

❺次に「フィッシュボーン図」を出し、STEP2 ❶で指導した書き方（主張・
　理由・体験など）を1つ1つスモールステップで考え、相手と目的にあっ
　たものを吟味し、書く材料を見つけてメモさせる。

カード in カードで❶で指導した、主張や理
由などを1つずつスモールステップで複数
書き出させる。終了後、「提出箱」に提出さ
せ、回答共有をおこない、小グループでかん
たんに説明させると自分の考えが整理さ
れ、効果的（協働的な学び）

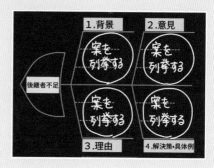

❻さらに、「くらげチャート」に切り替えて STEP2 ❺で出した主張・理由・体験などの書く材料の要点を短いメモにまとめ、書く準備を整える。

❺で回答共有をせず、ここで回答共有と小グループでの説明をさせてもよい（協働的な学び）

❺で出した材料から最も論じるのによいと感じたものを1つずつ選択し、それぞれくらげの足に打ち込んだもの。左から順に「背景」・「主張（意見）」・「理由」・「解決策（体験・具体例）」・「その他（注意点など）」となっている

STEP 3 ▶ 展開編

❽ STEP2 ❻で作成したくらげチャートが構成メモのようなものになるので、それにのっとって、作文・小論文を書いていく。

くらげチャートの順に原稿用紙に書いていくだけなので、書くことが決まっていて、スラスラ書ける

応用編

・書くことに慣れてきた子どもや、入試などに作文・小論文を控えている子どもには、採点基準をこちらが示し、それに従って相互に作文・小論文を添削させる（共有ノートに答案の写真を相互にあげて実施）ことにより、自分の頭で相手の作文・小論文のどこをどう直すか主体的に考えられるようになるため、さらなるレベルアップを図ることができる（実践編はあくまでも作文・小論文を書くこと自体が苦手な人向けである）。

・採点基準は、基本的な形式に関する基準から、内容に関する応用的な基準まで、子どもの実態にあわせて、対応することが可能である。

【採点基準の例（一例）】
○原稿用紙の使い方は合っているか？（形式）
○話し言葉を使っていないか？（形式）
○主語と述語は一致しているか？（形式）
○主張（意見）に対する理由になっているか？（内容）
○主張（意見）と矛盾する記述内容はないか？（内容）

実践者
からの
**ワンポイント
アドバイス**

書き方の型をかんたんにマスターした後に、その型の中の1つひとつの要素（背景・主張【意見】・理由・体験【具体例】など）をシンキングツールを用いて、考えていくことで、想像以上に子どもたちの作文・小論文の苦手意識が変わります。

また、子どもの興味関心にあわせ、テーマを変えたり、共有の場面を変えたりなど「個別最適化」も図ることができます。

書き慣れてきたら相互添削でさらなるレベルアップも望め、書くのが苦手どころか、作文・小論文マスターになることができます。　　　　　（青山）

07

いろんなグラフに触れられて数式の規則性に気付けるようになる！

「デジタルでかんたんグラフ作成からのKJ法」

こんな「困った」ありませんか？

● 子どもの考えを KJ 法で分類したいけどアナログだと大変！

一人ひとりが付箋に考えを書き込み模造紙に貼っていく「KJ 法」。思考の整理ができてとても効果的ですが、取り入れようとすると模造紙、ペン、付箋など物理的な負担が重くて、なかなか気軽に取り入れられません。

● グラフを描かせるだけで精一杯、時間が足りない！

算数や数学、理科などでは、子どもたちにグラフを作成させて、これを KJ 法で比較・分類することもあります。しかし、この活動には時間がかかり、グラフの作成だけで授業が終わり、比較・分類にたどりつかないこともあります。

ICT でこんな授業に変わる

● デジタルの KJ 法なら「物理の壁」から解放される！

ロイロの共有ノートを使うことで、ペンや付箋などを用意しなくても、無限の模造紙にアイデアをたくさん出すことができます。子どもによってまとめ方や分類も変わり、子どもの学びが多面的で深いものになります。

● グラフは、数値を入力してデジタルで一瞬で作成！

さらに「GeoGebra」というサイトを使えば、アナログだと時間がかかるグラフや図を、数値を入力するだけでかんたんに作成することができます。これを KJ 法に使えば、かんたんに図を比較・分類できます。

> 子どもたちが複雑なグラフをかん
> たん・時短でつくれる！

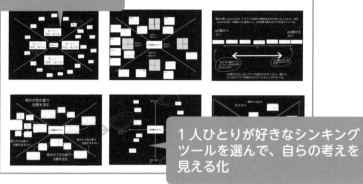

> 1人ひとりが好きなシンキング
> ツールを選んで、自らの考えを
> 見える化

実践のポイント

- 「WEBカード」からGeoGebraにアクセスし、数値を入れてグラフを作成する。
- 子どもたちは共有ノートでたくさんのグラフを集め、自分なりの方法でシンキングツールにまとめる。

やり方

STEP 1 ▶ 準備編

❶ここでは、子どもたちに一次関数のグラフを作成させ、グループ
で共有し、KJ法で分類する授業の流れを紹介する。まず、事前に、
共有ノート（P23参照）でグループで使用するテンプレートを下
記のように作成しておく。

共同作業スペース。シンキングツールの
「ウェビング」を配置。ここに作成したグラ
フを置いていく

個人作業スペース。「WEBカード」をつくっ
たり、グラフが集まったらシンキングツール
を切り替えたりして考えをまとめる

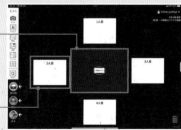

STEP 2 実践編

❶ 「WEB カード」で GeoGebra の URL を子どもたちに共有する。

ここを押して
「WEB カード」
を開く

ロイロノートの中学校版にはここに GeoGebra があるので、リンク先の URL を子どもに共有。ない場合は、「GeoGebra」と検索をして URL を共有する

❷ 子どもたちに、GeoGebra で数値を変えながらいろいろなグラフを作成させる。グラフはスクリーンショットで保存する。

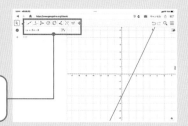

関数の式を入れると一瞬で
グラフが作成される

❸ 各人が作成したグラフを写真ファイルから取り出して共有ノートの共同作業スペースに置いていく。

❹ 共同作業スペースのグラフを各人がコピーして、個人作業スペースにもっていき、自分で好きなシンキングツールを配置しなおし、比較・分類していく。

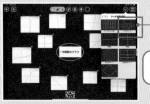

まとめやすいシンキングツールに切り替える

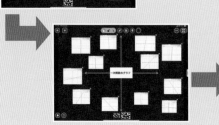

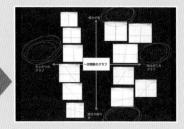

❺比較・分類するときは、W/X/Y チャートや座標軸などに注目させる声掛けをおこなうとよい。

❻提出箱を回答共有することで、ほかの人の意見も参考にしながら、よりよいものに仕上げることができる。

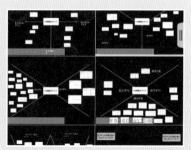

応用編

・自分で比較・分類したカードに説明音声をつけてもよい。画像だけでは、どのようにまとめたのかわかりにくい内容も、より伝わりやすくなる。

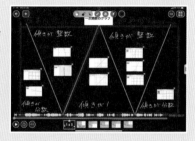

実践者
からの
**ワンポイント
アドバイス**

　GeoGebra を使えば、グラフをかんたんにたくさん作成できます。共同作業スペースで、それらを共有すればさまざまな特徴をもつグラフをたくさん集めることができるようになります。分数や小数、符号や絶対値の大きさなどを意識することで、グラフの作成段階から規則性に気づくようになります。

　子どもたちの発達段階によっては、まとめるシンキングツールを固定するのもよいでしょう。慣れてきたらシンキングツールを固定せず、子どもにツールを決めさせることで、まとめ方に広がりができ、個性豊かな発想でまとめることができます。（市野）

08

コードの入力はコピペで OK！

「みんなで力をあわせてつくる BIG プログラミング」

こんな「困った」ありませんか？

● 個人作業になりがちな「プログラミング」の授業

　プログラミングはどうしても個人学習・個人作業になってしまいます。わからないことがあっても人に相談できないこともあります。教師が一人ひとりにかけられる時間も限られています。かといって、グループで作業するとしても、全員でコードを入力していくこと（以下、コーディング）はできないため、よくできる子どもに作業を任せてしまいがちです。

ICT でこんな授業に変わる

● コーディングは分業で、時間がかかる作業は宿題に！

　プログラムの流れを表す設計用のフローチャートを共有ノートでつくり、コーディングは共同編集が可能な「SwiftPlaygrounds」でおこないます。

　SwiftPlaygrounds は iOS アプリ・macOS アプリを作成するためのプログラミング言語である Swift を、対話的な学びに応用できるようにした iPad 用のアプリケーションです。各自が自宅で作業できるため、時間がかかる作業は宿題にし、授業では質疑応答や進捗確認に集中できます。

● みんなでつくると規模が大きくなり、喜びも大きくなる！

　分業するとプログラムの規模は個人作業とはくらべものにならないほど大きくできます。プログラミングは思い通りに動いたときの喜びが学習・習得を加速させる学習です。規模が大きい分、喜びも学びも大きくなります。

グループで
素材集めもコーディング
も楽しく取り組める

大規模で壮大なプログラムが
できあがる！

実践のポイント

● 授業では全体設計に時間を割き、細かいコーディングは各自が宿題で取り組む
ようにする。疑問は授業中にすべて解決しておくよう伝える。
● 設計図をつくる際は、グループの中で、各自が使うロイロノートのカードの色
を決めておくと、分業しやすくなる。

やり方

STEP 1 準備編

❶ この実践では、「変数」「条
件分岐」の概念を理解して
おく必要がある。iPad導入
校は SwiftPlaygrounds
のチュートリアル「コーディ
ングを始めよう」を宿題に
して学習しておく。

❷ 教師は、サンプルとなる「ベースプ
ログラム」を準備しておく。画像・
質問・2つ以上の選択ボタンがあ
り、遷移していくプログラムを準
備する。

コーディングを始めよう
コーディングの旅に出ましょう
Swift 5.3版

入手

質問

SwiftPlaygrounds で作成した
ベースプログラムの「実行画面」

2つ以上の選択ボタン

メガネをかけた教師が声をかけてきました。「あなたは18歳ですか？
はい
いいえ

画像。SwiftPlaygrounds の「カメラロール」から「素材」
に入れ、コードでファイル名を書くとこのように表示される

❸ロイロノートのカードに、SwiftPlaygrounds で作成した「ベース
　プログラム」のコードと、「実行画面」をスクリーンショットで取り込
　む。コードと、実行画面が対応するところを線でつないで示し、子ど
　もたち向けの「説明書」をつくり、配布する。

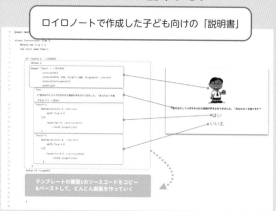

ロイロノートで作成した子ども向けの「説明書」

❹ロイロノートのシンキングツールで、プログラミングでどのように画
　面が移り変わっていくかを示した設計図を作成する（下記画像の中央
　部分）。さらに設計図の補足説明を書き込み、子どもたちに配布する。

プログラミングの画面は「フラグナンバー」で管理す
ると、構造がわかりやすくなり、追記・変更が楽になる。

シンキングツール
で作成した設計図

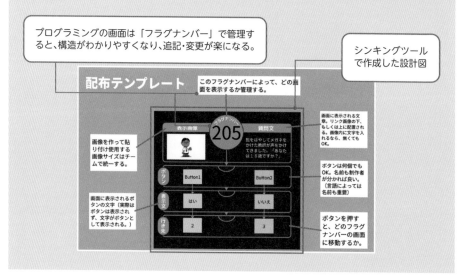

STEP 2 実践編

❶ 子どもたちには、グループでプログラミングの「ログライン」を考えさせる。ログラインとはかんたんに言えばプログラミング全体のストーリーを1行にまとめたもの。ロイロノートの共有ノート（P23参照）で「キャンディーチャート」を活用して、グループ内でいくつか案を出しあい、最終的に1つに絞るとよい。

❷ ログラインを決めたら、グループの共有ノートで、プログラミングで表示する画面とその流れをツリー図で設計していく。ツリー図は、STEP1❹で配布したテンプレートを流用させる。

> 一番最初に表示される画面（フラグナンバー1の画面）はグループ全員で設計し、次の画面以降は分業で設計する。

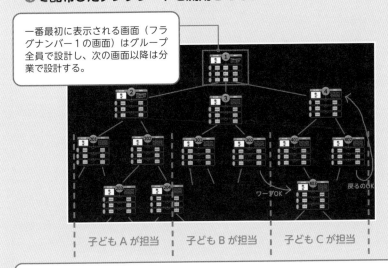

子どもAが担当　　子どもBが担当　　子どもCが担当

> 3段目以降のフラグナンバーは3桁のナンバーを指示するとよい。数字の使い方も学べると、今後の開発にも役に立つ（例：2の下から201）

STEP 3 展開編

❶ SwiftPlaygrounds で、ツリー図のように動くプログラミングを分業でコーディングしていく（宿題にする）。まず、教師はグループの数だけベースプログラムをコピーし、グループのメンバーで共同編集できるよう設定する。

SwiftPlaygrounds の画面

この画像から共同編集する子どもにリンクを送る。「リンクをコピー」ボタンを押して子供が慣れているアプリにペーストして送るのがおすすめ

❷ 子どもたちは、STEP1 ❸の「説明書」を参考に担当部分のコーディングを進めていく。コードは手で入力するのではなく、STEP1 ❷のベースプログラムをコピペ・改変していく。

説明書の画面

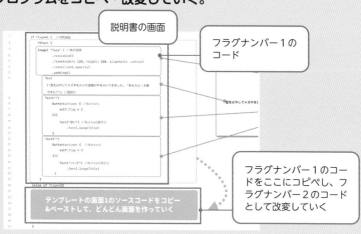

フラグナンバー1のコード

フラグナンバー1のコードをここにコピペし、フラグナンバー2のコードとして改変していく

❸各自がコーディングを終えれば、プログラムの完成。クラス内で発表・共有し、みんなでプレイすると盛り上がる（Googleフォームやロイロノートのアンケート機能を活用して、相互評価するとよい）。プレイの方法は右のQRコード参照。

応用編

・SwiftPlaygrounds以外で、共同編集できるプログラミングは以下の通り。

〔プログミー〕
Scratch3.0をベースに開発されたビジュアルプログラミング。Scratchと同じ感覚でコーディングできるため、比較的かんたんに扱える。

〔Monaca education〕
JavaScriptとPythonが扱えるブラウザソフト上で動作するプログラミングソフト。有名なゲームアプリをベースに学ぶこともできる。

実践者
からの
ワンポイント
アドバイス

　各グループが共同編集しているプログラムは、教師も見ることができます。進捗の確認をしつつ、必要があればグループを集めて対面で話しあうことを促し、協働的な学びにつなげていきます。すべてをデジタルで完結するのではなく、教師も子どもも、対面するタイミングを大切にするよう心がけて使いわけるとよいと思います。　　　　　（中村）

09 学習内容が一目で見通せて主体的に動けるようになる！
「デジタル"学習マップ"づくり」

こんな「困った」ありませんか？

● 学びの見通しが立てられない子どもたち

　今から何を学ぶのか理解してない子どもがいます。授業中、何をしているかわかっていないので、撮影した写真・動画も適当に保存して、あとで振り返りや復習をしようとしても活用できない姿をしばしば見かけます。

ICT でこんな授業に変わる

● 知識を構造化し、振り返りもかんたんにできるようになる

　単元の学びを1枚のカードにまとめ、「学習マップ」として子どもたちに示します。これにより子どもたちは単元の学びを俯瞰し、学習事項を関連付けながら知識を構造化し、概念を形成していくことができるようになります。

　また、1枚のカードに単元の学びを整理しておくことで、後で振り返りをしやすいという効果もあります。

　年度の最後に、作成した複数の学習マップを確認しながら振り返りをするといったことも可能です。

● デジタルデータを整理する経験と力が身に付く

　子どもたちは配布された学習マップに、授業を通して学んだことをまとめていきます。学習マップで学びの見通しを立て、知識・技能を得るだけでなく、必要な情報（カード）を取捨選択しながらデジタルデータを整理する力を身に付けることもできます。

単元の学びが1枚のカードで見通せて、振り返りもかんたんに！

単元で撮影した写真や動画を整理する力も身に付く！

実践のポイント

● 単元を通して授業をデザインする。
● 授業の導入で単元の目標や大まかな学習計画を子どもと共有する。
● 授業の最後に子どもが学習を振り返り、デジタルデータを整理する時間を確保する。

やり方

STEP 1 準備編

● 本実践では、シンキングツールとカード in カードの機能を使って、子どもたちが右のような学習マップを完成させていく。具体的な手順を以降で示す。

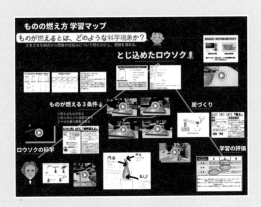

❶教師が学習マップのフォーマットを作成する。まず、シンキングツールの「プロット図（左）」を選択する。

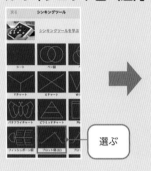

選ぶ

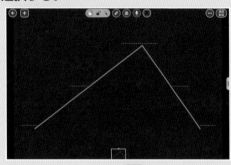

❷プロット図に、透明カードを追加する。

①押す

❸単元名を入力する。目立たせるために、サイズを変更し、太字にする。単元名の下に、色付きカードで単元の目標を入力する。こちらもサイズを調整して目立たせる。

②選ぶ

単元名

ものの燃え方 学習マップ
ものが燃えるとは、どのような科学現象か？
さまざまな視点から燃焼の仕組みについて明らかにし、理解を深める。

単元目標。下に補足説明を入れてもよい

下の画像は、ひと手間かけて、目標を目立たせている。これは、別のアプリ（Keynote）で手書きした文字をドラッグ＆ドロップでロイロ上に挿入して作成している。他のアプリと親和性が高いのもロイロの特長である

❹単元の学習の大まかな流れを入力する。プロット図の頂点に、単元の山場となる「活用・探究」段階の学習をもってくるようにする。

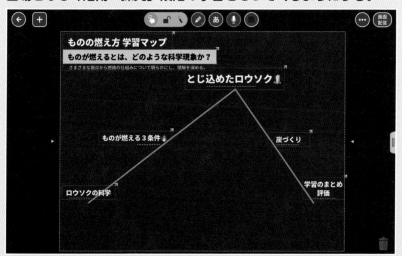

❺そのほか、授業の導入時に子どもたちと共有したい情報を入力しておく。

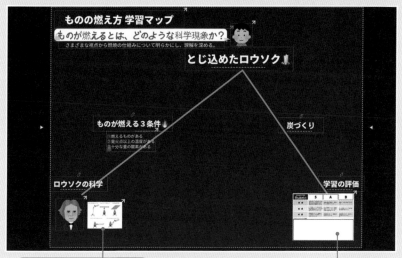

はじめの学習に関連する
ワークシート

単元の最後に実施する、ルーブリック形式の自己評価カード。はじめに配布し、目指す姿を共有した

❶単元のはじめに、子どもたちに学習マップを送り、単元の目標と大まかな学習の流れ、また身に付けてほしい力や目指したい姿などを示す。

❷子どもたちは授業を通して、撮影した写真や動画、作成したワークシート、成果物などをマップ上に整理していく。

❸単元のおわりに、単元を通した振り返りをおこない、マップを整理する時間をとり、最後に提出箱にマップを提出させる。

応用編

・今回は理科の例を取り上げたが、どの教科でも応用可能。特に、写真や動画を使う学習において効果が高い。

・単元の流れを意識するためにプロット図を使っているが、学習内容によっては、「ピラミッドチャート」や「ダイヤモンドランキング」も効果的。そうした選択を学習者自身がおこなえるようになるとベスト。

学習に関連する動画（NHK for School）のリンクをWebカードにして配信すると、このようにマップに整理している子どもが多く見られる

写真や動画は、必要なものだけを残していく。情報の取捨選択は、重要な力

紙の資料をデジタルでも配信することで、学習マップに蓄積されていく

実践者 からの **ワンポイント アドバイス**

　私は、すべての単元で学習マップを使用しているわけではありません。ある程度まとまった時間を確保できる単元の学習で活用するようにしています。

　マップを使って、子どもたちと単元のゴールや大まかな流れを共有することで、子どもがより主体的に学習に取り組むことにつながります。

　注意点を1つ。マップを完成させることが目的になってはいけない、ということです。型は示しますが、子どもなりに整理しようとしている姿があれば、どんなまとめ方でも尊重することが重要です。

（吉金）

10

習熟度の差をこえ、みんなで盛り上がって満足できる！

「問題づくり・出しあいワーク」

こんな「困った」ありませんか？

● 子どもたちの学習の進度に差がある

初めて学習する子どもが内容を理解できるように、私たち教師はわかりやすい授業を心がけています。でも、塾などで先に学習を進めている場合、その子にとって授業は知識や内容を確認するだけの場になってしまいます。

習熟度の差から「もっとレベルが高いことをしたい」と「難しいからかんたんな問題のほうがいい」という2つの声が生まれ、子どもからの不満を感じることもあります。

各自のレベルにあった学習を展開して、子どもたちの意欲を引き出したいのですが、一斉授業では限界があります……。

ICTでこんな授業に変わる

● 子どもが問題を「つくる」活動で、「主体的な学び」を実現！

問題を解くだけでなく「つくる」活動を取り入れてみましょう。カードに問題を作成し、提出箱でクラス全員で問題を共有します。たくさんの問題の中から、自分の理解度にあったものを選んで解くことで、「主体的」で「個別最適」な学びに近づいていきます。

また、自分の知識を最大限に活用して問題をつくる、アウトプットする楽しみを感じることができ、知識の定着も図ることができます。完成度の高い問題を作成しようとする過程では、教科の見方や考え方を深めることにもつながります。

子どもたちは自分のレベルにあった問題を選んで挑戦できて盛り上がる！

お友達のおはじきが23個、自分のおはじきが31個あります。二人のおはじきを一緒にためることにしました。二人のおはじきの数は合わせていくつでしょう？

こんな問題をつくる

実践のポイント

● 本時までの学習内容を活用することを伝える。
● 自分が難しく感じたところや間違えたところを問題に取り入れてみるように伝える。
● クラスメイトの問題のよさやおもしろさを伝えあう場面を設ける。

やり方

STEP 1 準備編

❶子どもたちに問題づくりのイメージをもたせるために、テンプレートを準備する。

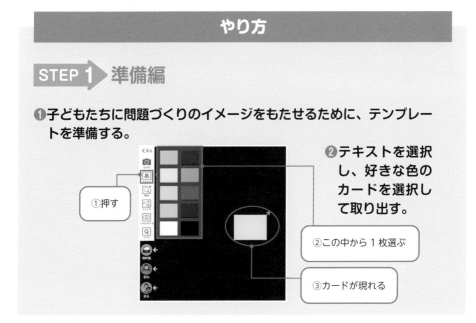

①押す

❷テキストを選択し、好きな色のカードを選択して取り出す。

②この中から１枚選ぶ

③カードが現れる

❸カードに子どもたちが問題文や図を書き込むためのスペースを用意する。

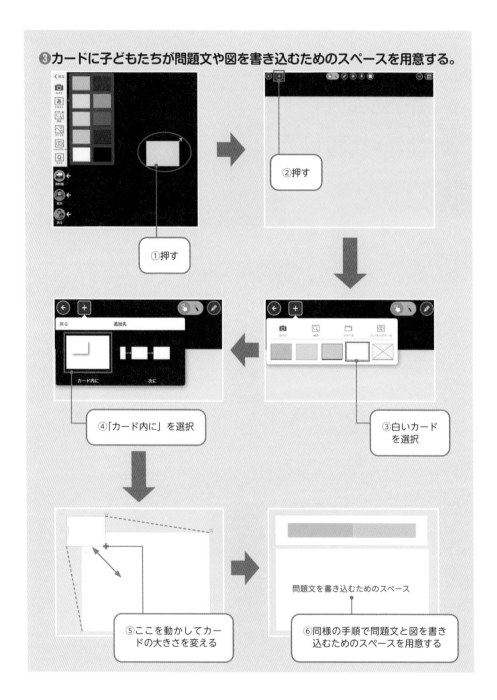

②押す

①押す

④「カード内に」を選択

③白いカード
を選択

⑤ここを動かしてカー
ドの大きさを変える

⑥同様の手順で問題文と図を書き
込むためのスペースを用意する

問題文を書き込むためのスペース

❹問題文を書き込むための白いカードの文字の大きさと位置を調整する。

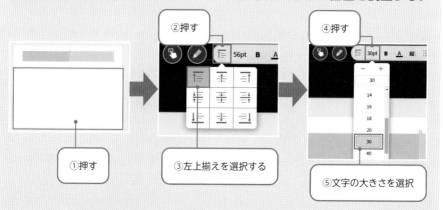

②押す

④押す

①押す

③左上揃えを選択する

⑤文字の大きさを選択

STEP 2 実践編

❶準備したテンプレートを子どもたち全員に送る。

カードを「送る」
にドラッグ

押す

キャンセル　カードの送り先を選択

全員　　個人　　自分のノート

❷問題をつくりはじめる前に次の2点を子どもたちと確認する。

・これまでに学んだ内容から問題をつくること
・自分が間違えたところや難しいと思ったところを問題づくりに活かす
　こと

図のカードは自由に動かして
大きさを変えていいことを伝える

白いカードの中に問題文を考えて書くことを伝える

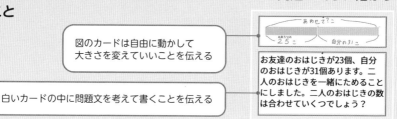

お友達のおはじきが23個、自分
のおはじきが31個あります。二
人のおはじきを一緒にためること
にしました。二人のおはじきの数
は合わせていくつでしょう？

STEP 3 展開編

❶子どもたちに問題文を入力させる。

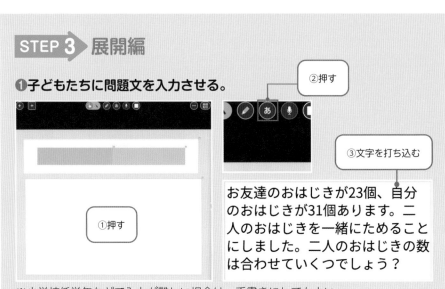

②押す

③文字を打ち込む

①押す

お友達のおはじきが23個、自分のおはじきが31個あります。二人のおはじきを一緒にためることにしました。二人のおはじきの数は合わせていくつでしょう？

※小学校低学年などで入力が難しい場合は、手書きにしてもよい。

❷図のカードを問題文にあうように調整して提出させる。

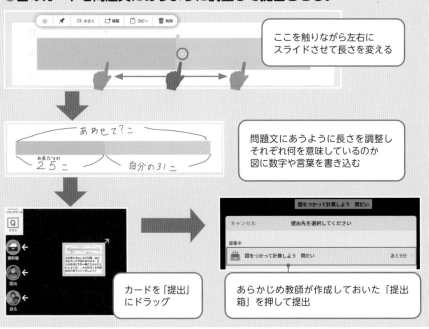

ここを触りながら左右に
スライドさせて長さを変える

問題文にあうように長さを調整し
それぞれ何を意味しているのか
図に数字や言葉を書き込む

カードを「提出」
にドラッグ

あらかじめ教師が作成しておいた「提出
箱」を押して提出

❸問題が出そろったら、回答共有し、子どもたちに解いてみたい問題のカードを選ばせ、自分の端末に移動させる。

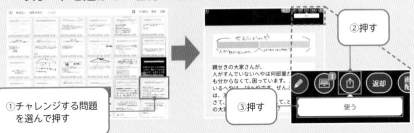

①チャレンジする問題を選んで押す

②押す

③押す

❹選んだ問題を解くときは、別のカードや紙のノートなどを使う。

応用編

・問題を「つくる⇔解く」学習に慣れてきたら提出箱をレベル別に用意する。作成した問題の難易度を自分なりに考えることにつながる。

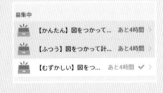

募集中
【かんたん】図をつかって… あと4時間
【ふつう】図をつかって計… あと4時間
【むずかしい】図をつ… あと4時間 ✔

・「テストカード機能」を使って問題を出しあうことも可能。結果からクラスの理解度や苦手な分野を分析し、次の問題づくりに活かすことができる。

実践者からのワンポイントアドバイス

子どもたちが好きなものやテーマで自由に問題づくりをさせてあげましょう。教科書には出てこないような問題をつくる子もいますが、自分で考えたりクラスメイトの問題を見たりすることが楽しくなり、どんどん学習に取り組みます。活動を通して、新しい見方や考え方に触れている子がいたら、ぜひ評価してあげてください。　　　　　（中村）

11

共同・協働作業を通じ、自分たちで問いの本質を見出す！

「くらげ型参考書づくり」

こんな「困った」ありませんか？

● 問題の「本質」を理解せず、ただ解いている

　例えば算数や数学の問題は「解ける」と満足してしまう子どもが多いです。習った解き方を使っているだけで、なぜ、そのような解になるのか問題の本質を理解していないので、最近の大学入学共通テストのように、思考力を問われる問題だと、とたんに手が出なくなります。

ICTでこんな授業に変わる

● 協働・共有して、問題の本質を考えていく！

　「くらげチャート」を使って、クラスメイトと話し、教えあいながら問題分析をし、オリジナルの「くらげ型参考書」をつくっていきます。

　「何が問われているか」、「つまずきや解くヒントは何か」、班のメンバーそれぞれの考えを、くらげチャートを使って見やすくわかりやすく整理することができます。相手が理解できるように説明し、くらげ型参考書を仕上げていく過程は、主体的・対話的で深い学びそのものです。

● 保存も共有もかんたん！　分厚いオリジナルの「参考書」に！

　できあがったくらげ型参考書をクラス全体で共有すると、子どもたちは自分とは違うさまざまな解き方・考え方に触れることができて、学びは深まります。また、参考書を単元や問題の難易度別に分類しておくと、子どもたちは自分の理解度にあわせて参照できるようになります。

見る人が理解できるように整理することで、問題の本質を見出す！

オリジナルの「参考書」で苦手を克服！

実践のポイント

● 普段の授業から教師が「なぜ、どうして？」と問いかけておくことが大切！ 子どもたちも本質の大切さに気付いていく。

やり方

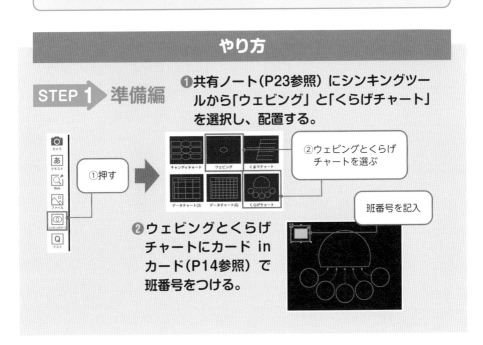

STEP 1 準備編

❶共有ノート（P23参照）にシンキングツールから「ウェビング」と「くらげチャート」を選択し、配置する。

カメラ
テキスト
Web
ファイル
シンキングツール
テスト

①押す

キャンディチャート　ウェビング　くまチャート
データチャート(3)　データチャート(6)　くらげチャート

②ウェビングとくらげチャートを選ぶ

班番号を記入

❷ウェビングとくらげチャートにカード in カード（P14参照）で班番号をつける。

❸ウェビングとくらげチャートを班の数分、コピーする。

カードを押し、右上の3点リーダーから「このカードを複製」を押すと、カードがコピーされる

これで準備完了！

❹この授業の前に子どもに問題を送り、まず一人で解いてみるように指示を出す。問題は PDF や画像でもよい。

STEP 2 実践編

❶解き方のアイデアを出す。まず、子どもたちに自分の班のカードを開かせ、ウェビングの中央に問題を置くように指示する。

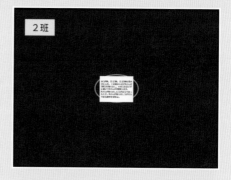

❷班のメンバーで「解法のポイント」「つまずきのポイント」について話しあいながらカードに書き出し、問題の周囲に配置していく。話しあいながら、互いの考えを出していくのがポイント。共有ノートだからできる！

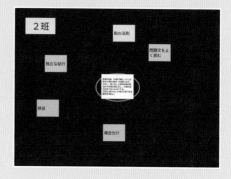

❸次にアイデアを整理していく。くらげチャートを開き、くらげの「頭」に、問題と解答を配置させる。算数・数学などは数式があるので、下記の手順でノートの写真を撮って配置するとよい。

① 「＋」を押す

② 「カメラ」を選択して起動

③撮影して「使う」を押す

問題と解答のカードはつなげておく

❹ウェビングに配置した「解法のポイント」と「つまずきのポイント」について班で話しあい、ヒントになるもの、特に気を付ける点を5つ程度に絞り、くらげチャートに移動していく。この「問題分析くらげチャート」の作成が、授業の山場！　班で話しあい、よりふさわしいキーワードを探し、チャートを完成させる。

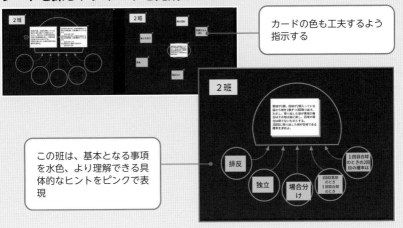

カードの色も工夫するよう指示する

この班は、基本となる事項を水色、より理解できる具体的なヒントをピンクで表現

❺ここでもう一工夫。くらげチャートの頭に配置した問題のカードと解答のカードのうち、解答部分を隠しておくように指示する。また、ヒントのキーワードを白いカードなどで隠してもよい。

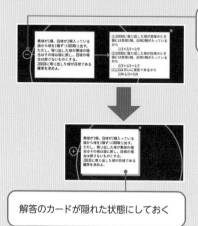

ここを押すと、カードがたばねられ、2枚目以降のカードが隠れる

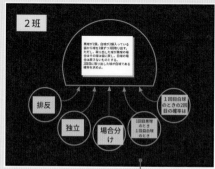

解答のカードが隠れた状態にしておく

これでくらげ型参考書の完成！

STEP 3 展開編

❶すべての班がくらげ型参考書を完成させたら、クラス全員で共有。これで、みんなでつくった「参考書」が完成する！

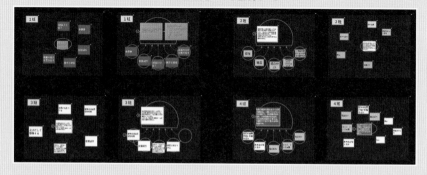

❷くらげ型参考書を難易度ごと、あるい
は単元ごとにまとめておくと、より使
いやすい参考書になる。

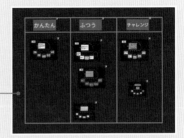

> シンキングツールの「PMI/KWL」のカードを難
> 易表に仕立てたもの。シンキングツールのカード
> は、色を変えると見やすくなる

応用編

・完成した参考書の問題を解いて、作成した班に採点してもらう活動も楽し
  い。採点者が、解答者にわかりやすい採点とアドバイスを書くことで、採点
  者の思考力と表現力が高まる。
・問題分析で、「解法のポイント」を整理したが、その観点を大事にしなが
  ら、「子ども自身が作問」すると理解が
  さらに深まる。作問した問題で同じよう
  にくらげ型参考書を作成すると、学びが
  どんどん深まっていく。
・「テストカード」を使って問題を出しあ
  うと、楽しく盛り上がる。

**実践者
からの
ワンポイント
アドバイス**

　この実践で大事なことは、まず一人で問題を解い
てポイントを整理し、次にグループで質問し教えあ
い、キーワードを考えることです。自分の考えがど
のような表現で伝わるか、相談しながら言語化する
作業は、相手の立場で考えることにつながります。
　子どもはこういった思考力・表現力を養う学びの
効果を感じると、どんどん積極的になっていきます。
私たち教師も、主体的・対話的で深い学びに、もっ
とチャレンジしていきたいですね。　　（さいとう）

12 全員がインプット・アウトプットして伸びていく！
「考えが成長する『提出箱』」

こんな「困った」ありませんか？

● よい考えをもっているのに発表が苦手な子どもがいる

　学級には多様な子どもたちがいます。グループになっても意見を出せない子どもや、人前で発表できない場面緘黙の子ども、ディスレクシアなどの特性で手書きでは意見を書けない子どももいます。また、聞く側の立場では、聞くだけでは理解が難しい子どももいて、ただ時間が過ぎるのを我慢しているといったケースもあります。

ICT でこんな授業に変わる

● 誰もが考えをアウトプット・インプットできるようになる！

　言葉を発して対話することに壁がある子どもでも、自分の意見や考えはもっています。アウトプットの方法を文字や図、絵、シンキングツールなどを使って視覚化し、提出箱で発言以外の方法で発表できるようにします。

　話を聞くのが苦手な子どもは、相手のペースで話された言葉を捉えることに壁があります。「聞く」だけでなく、考えを「見る」や「読む」ことでインプットできることも多いです。これにより、ユニバーサルデザインの視点を取り入れた対話が実現します。

● アウトプット・インプットを繰り返して成長する！

　こうした対話で自分の考えをアップデートし、インプットとアウトプットすることを繰り返すと、子どもたちは自らの考えをどんどん深めていきます。

時間の経過とともに子どもの考えが
どんどん成長していく「提出箱」！

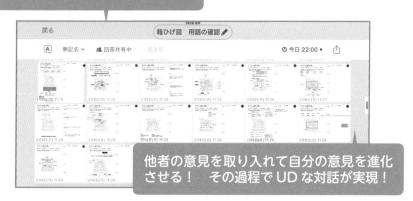

他者の意見を取り入れて自分の意見を進化
させる！　その過程で UD な対話が実現！

実践のポイント

● 提出箱は、できるだけ早く作成して何度も提出させる。常に回答共有しておく
ことで、子ども全員の学びの足跡を見ることができる。
● 教師は、間違いやよい答えを見つけても、決してすぐには反応せず、子ども自
身が見つけることを信じて、「じっと待つ」ことが大切！

やり方

STEP 1 準備編　❶提出箱をつくり回答共有をしておく。

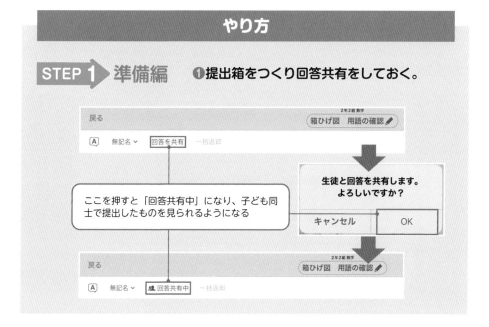

ここを押すと「回答共有中」になり、子ども同
士で提出したものを見られるようになる

❷カードに課題をまとめる（答えが１つにならない広がりのある課題が よい）。

答えが複数存在する問題

↓

540に自然数Aをかけて、自然数Bの2乗にしたい。AとBの組み合わせをたくさん見つけよう。

他者の考えを読み取って説明する問題

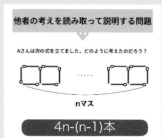

Aさんは次の式を立てました。どのように考えたのだろう？

nマス

4n-(n-1)本

解答する過程を説明する問題

↓

なぜ、次のような答えになるのか（係数、項、右辺、左辺）という言葉を使って説明しよう。

$12a - 3 + 5a + 1 - 21a = -4a - 2$

答えに合うような問題文を作る課題

答えが次の式になるような問題を作ろう。

① $1000 - 2a$ （円）
(解答例)a円の品物を2つ買って、1000円出したときのおつり

② $2x + 3y$ （人）

教科書や資料集などを自分なりにまとめたり分類したりする問題

↓

<u>めあて</u>　箱ひげ図の用語や特徴を理解する。

箱ひげ図における図が何を表しているか次の用語を参考にしながら書き入れなさい。
【四分位数、第１四分位数、第２四分位数、第３四分位数、中央値、最大値、最小値、箱ひげ図、四分位範囲、範囲】

四分位数	第1四分位数	第2四分位数	第3四分位数	箱ひげ図
四分位範囲	範囲	最大値	最小値	中央値

子どもの意見が異なるものになる発問や、より細かく、よりわかりやすく、より個性的に答えを深めることができるような課題を設定するのがポイント

STEP 2 実践編

❶ 課題を配布して、子どもに考えさせる。

①カードを「送る」
にドラッグ

②ここを押して
クラス全員に
送付。

❷ 5分程度で、手がかりを共有するために途中経過を提出させる。紙のプリントを配布している場合は写真で撮って提出させる。

自分の課題が
できていなくて
も、途中経過を
提出して、みん
なで共有する

①提出物を
ここに
ドラッグ

❸ 子どもたちは提出箱に出された資料を自由に見て、自分の考えに生かしていく。

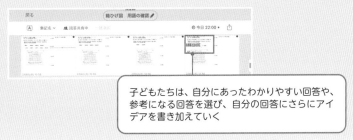

子どもたちは、自分にあったわかりやすい回答や、
参考になる回答を選び、自分の回答にさらにアイ
デアを書き加えていく

❶提出箱を見て、自分の考えを改善した後、その成果物を再度提出する。
その後も、提出⇨他の人の考えに触れる⇨改善⇨提出を繰り返し、よ
りよい答えに近づけていく。

【1回目提出】

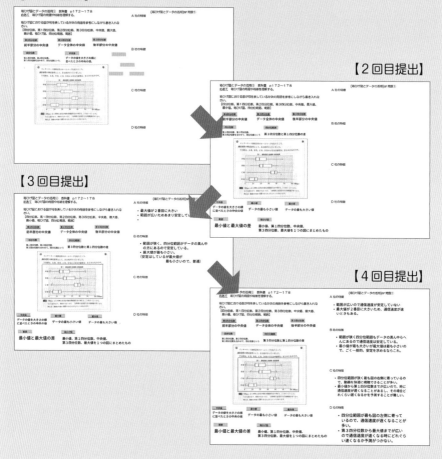

【2回目提出】

【3回目提出】

【4回目提出】

❷最後に、子ども自身に授業で提出した資料を「提出箱の履歴」を見て振り返りをするよう呼びかけ、自分の学びがどのように進んできたのか確認させる。

> 提出箱の中の提出物を選択し、ここを押すと過去に提出した回答が見られる

応用編

・毎時間、提出箱をつくって保存しておくことで、欠席した子どもにも学習の記録を共有することができる。

・スタディログにもなるので、テスト勉強などの際も提出箱を見返すことで学びの振り返りができる。

実践者からのワンポイントアドバイス

「提出⇨他の人の考えに触れる⇨改善⇨提出」を授業中に何度も繰り返すことで成果物が常に更新され、デジタル上で子どもたちの対話的な学びがどんどん広がります。

ただし、自分の考えと比較して他者のアイデアを取り入れている「よいつながり」なのか、そのまま考えずに丸写ししている「悪いつながり」なのかを教師が判断し、その都度「それは自分のためになっている？」と問いかけ続ける必要があります。それができれば、教師が教えずとも、子どもたち自身の力でどんどん提出箱が成長していく様子が見られます！　　　　　　　　　　　　　　　　（市野）

13 発表者に一瞬でかんたんに感想・評価が送れる！
「プレゼン即レス作戦」

こんな「困った」ありませんか？

● アナログだと大変な負担だったプレゼンのフィードバック

　授業でプレゼンテーションをしたら、発表者にフィードバックしたいものです。しかし、アンケートを紙で準備すると、印刷や記入、回収、整理、再配付など、教師に大変な負担が生じます。

　発表者へのフィードバックをより速くし、かつ教師の負担を減らせる方法があるといいのですが……。

ICTでこんな授業に変わる

● PDCAサイクルが回り出す

　ロイロの共有ノートを使えば、プレゼンの発表者に、その場ですぐに感想や評価を送ることができます。発表者はそれらのフィードバックを受けて、次のプレゼン作成に向けて、いち早く動きだすことが可能となります。計画（P）→実行（D）→評価（C）→改善（A）→のサイクルがどんどん回ります。

● アンケート用紙を管理する必要がなく負担が減る！

　膨大な手間をかけて印刷、配布、整理、再配布していたアンケート用紙も必要なくなります。

　また、子どもたちも、端末を使ってプレゼン発表をするので、自作の紙のプレゼン資料を黒板に掲示するなどの手間がなく、授業自体がスムーズに進むようになります。

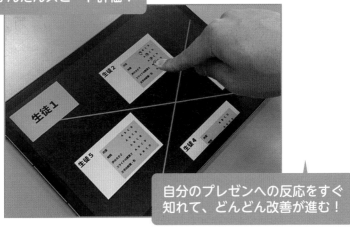

紙を使わずかんたんスピード評価！

自分のプレゼンへの反応をすぐ
知れて、どんどん改善が進む！

実践のポイント

- 事前に、「評価のポイント」を示すことで、クラスで同じ目標を共有する（具体的な目標は次のページを参照）。
- 人数が多い場合は、グループごとに相互評価をするとスムーズ。

やり方

STEP 1 準備編

※本実践では「自分の趣味（夢中になれること）」を
テーマとしたグループ発表のやり方を紹介する。

❶教師が、プレゼンを相互評価するグループごとに共有ノートを作成する（共有メンバーはあとで設定する。P73参照）。

①ここを押して「共有ノート」を選択

②グループ名を入力

③共有ノートが完成

❷共有ノートにシンキングツールの「Xチャート」を配置して、図のような「グループカード」を作成する。

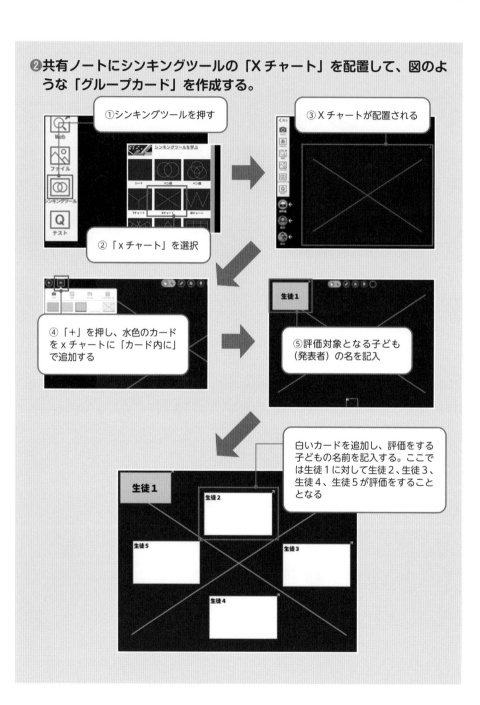

①シンキングツールを押す

②「xチャート」を選択

③Xチャートが配置される

④「+」を押し、水色のカードをxチャートに「カード内に」で追加する

⑤評価対象となる子ども（発表者）の名を記入

白いカードを追加し、評価をする子どもの名前を記入する。ここでは生徒1に対して生徒2、生徒3、生徒4、生徒5が評価をすることとなる

生徒1

生徒2

生徒5

生徒3

生徒4

❸共有ノートの空きスペースに、図のような「評価シート」を作成する。

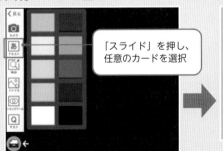

「スライド」を押し、任意のカードを選択

内容	A B C D
時間	A B C D
声の大きさ	A B C D
スライドの簡潔さ	A B C D
文字の配置・色	A B C D

評価項目を書き込む。別途用意した評価シートの PDF データをインポートしても構わない

❹作成した評価シートを複製してグループカードに入れる。

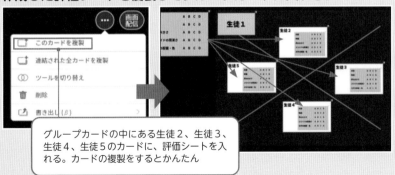

グループカードの中にある生徒2、生徒3、生徒4、生徒5のカードに、評価シートを入れる。カードの複製をするとかんたん

❺完成した共有ノートをグループで共有する。

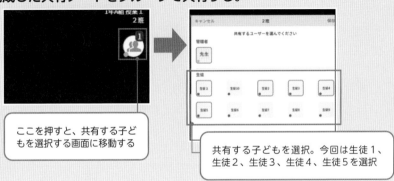

ここを押すと、共有する子どもを選択する画面に移動する

共有する子どもを選択。今回は生徒1、生徒2、生徒3、生徒4、生徒5を選択

❻複数人が発表する場合は、人数分の評価シートを用意する。人数が多い場合は、子どもの名前は子どもたちに記入させると手間が省ける。

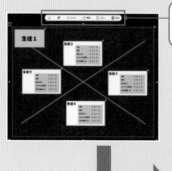

xチャートを長押しして、「複製」を押すとかんたんに同じカードが複製できる

カードに記入されていた子どもの名前を修正すれば完了

❼グループと同じ数だけ、共有ノートを複製する。

①押す

②ここを押してコピーしたい共有ノートと授業を選択する

STEP 2 展開編

❶子どもたちは、発表者のプレゼンを見て、評価シートに評価を書き込んでいく。

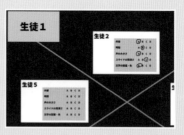

❷プレゼンが終わったら、グループの代表者がグループカードを提出箱に提出する。教師が共有すると、クラスで評価を見ることができる。

押す

応用編

・評価シートは授業の目標に応じて、定量的な評価項目や記述を入れるとよい。

・シンキングツールはXチャート以外も試すとよい。おすすめは「情報分析チャート」。子どもにとって一目で何をしたらよいのかわかりやすく、どのように評価シートに書き込んでいけばよいのか、すぐに理解できる。

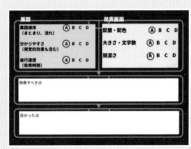

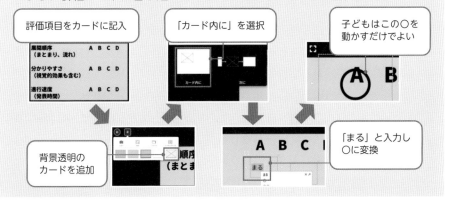

評価項目をカードに記入

「カード内に」を選択

子どもはこの〇を動かすだけでよい

背景透明のカードを追加

「まる」と入力し〇に変換

実践者からのワンポイントアドバイス

　目標や評価の観点を明確にし、意識させることでグループ内のプレゼンのフィードバックの質が向上します。複数のグループに分かれる場合、グループ間でフィードバックの注目の違いなどに適宜触れ、グループ間でプレゼンの質をアップデートしていくと効果的です。なお、ここでは PowerPoint などのプレゼンテーションツールを用いたグループ発表を想定していますが、どの教科でも応用できるはずです。
（武内・さいとう）

14 協働学習の効果をクラス全体で共有できる！
「ロイロ de ジグソー学習」

こんな「困った」ありませんか？

● 協働的に「知識・技能」を身に付けられる「ジグソー法」だけど……

　ジグソー法というグループ学習があります。この学習ではまず、班のメンバーそれぞれが、ある1つのことを学ぶ「エキスパート活動」に取り組みます。その後、各自が学んだことを班に持ち帰り、ジグソーパズルを組み立てるようにメンバーの知識を組みあわせて「ゴール問題」を解いていく、「ジグソー活動」に取り組みます。各自が学んだ知識をもちより、対話的・協働的に思考することで、子どもたちの学びが深まります。また、集団の中で役割を担う体験は、自己肯定感を高めることにもつながります。

　このように高い学習効果を生むジグソー法ですが、別の班の学びを知ることが難しく、学びに差が出てしまうこともあります。

ICT でこんな授業に変わる

● 共有ノートで取り組みやすく、学びも加速！

　ここで紹介するのは、共有ノートを使って、班をこえてクラス全体で学びを共有する方法です。エキスパート活動、ジグソー活動のどちらもかんたんに共有できます。

　ジグソー活動の際、他の班のカードや、エキスパート活動で作成したカードを振り返って見られるので、よりよい考え方や説明のヒントが得られ、理解の差をなくすこともできます。これまでのジグソー法の欠点をカバーできる最強の実践です。

グループごとで学習に差が出るというジグソー法の欠点をカバー！

一人一人が役割をもち、主体的に取り組める！

実践のポイント

- 初めて実践する際、ジグソー法には、班で「ゴール問題」に取り組む「ジグソー活動」と、役割ごとに別の班のメンバー同士で集まる「エキスパート活動」があることを子どもたちに説明しておく。また、使用するカードも活動ごとに色を変えると混乱しにくい。
- 子どもの発達段階に応じた「ゴール問題」や課題の設定が大事！
- 共有ノートは、「誰がどこを使うか」を明確に示すと子どもたちもスムーズに取り組めるようになる。

やり方

STEP 1 ▶ 準備編

※本実践はジグソー活動を1班3人×8班で実施。3種類あるエキスパート活動には、各班から1名ずつが参加し、1班4人×2班×3種類でおこなうと想定している。

❶教師は共有ノート（P23参照）に、「ジグソー活動」と「エキスパート活動」で使う「活動カード」を配置する（完成形は STEP1❹参照）。

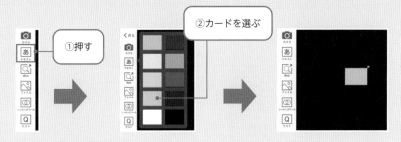

①押す　②カードを選ぶ

❷①の活動カードには、カード in カードでそれぞれ班を示す番号を入れ
ておく。

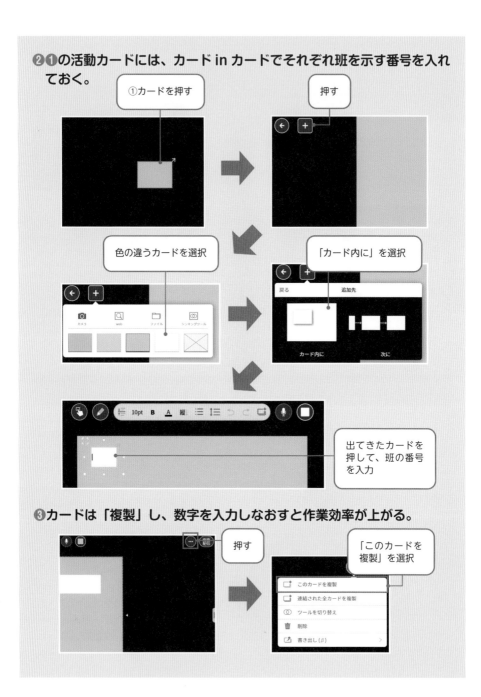

①カードを押す

押す

色の違うカードを選択

「カード内に」を選択

出てきたカードを
押して、班の番号
を入力

❸カードは「複製」し、数字を入力しなおすと作業効率が上がる。

押す

「このカードを
複製」を選択

このカードを複製
連結された全カードを複製
ツールを切り替え
削除
書き出し（β）

❹複製を繰り返し、下記のようにカードを配置する（画像は緑の土台の
カードに各ジグソー活動カードを配置したもの）。

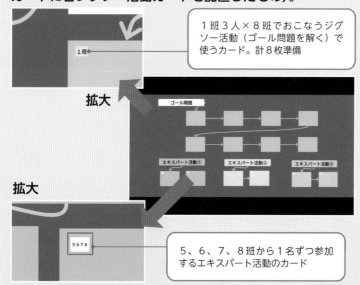

１班３人×８班でおこなうジグ
ソー活動（ゴール問題を解く）で
使うカード。計８枚準備

拡大

拡大

５、６、７、８班から１名ずつ参加
するエキスパート活動のカード

❺作成したカードを資料箱に入れて保管しておくと繰り返し使えて便利。

STEP 2 実践編

❶ジグソー活動のカードにゴール問題を記入する。同様に、エキスパー
ト活動のカードにも下記の通り、取り組む課題（画像は赤線をヒント
に平行四辺形の面積を求める課題）を入力する。

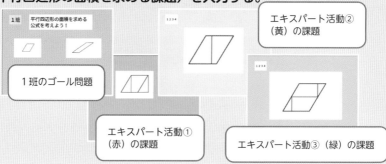

エキスパート活動②
（黄）の課題

１班のゴール問題

エキスパート活動①
（赤）の課題

エキスパート活動③（緑）の課題

❷ジグソー活動の班でゴール問
題について考えさせる（教科
や課題によっては最初にゴー
ル問題を見せないやり方もあ
る）。3分間など時間を決める
とよい。

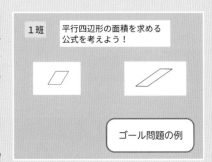

❸各班で、①〜③（赤、黄、緑）
のエキスパート活動に誰が取
り組むかを決める。

❹ジグソー活動の班を出て、それぞれ❸で決めたエキスパート活動に参
加する。活動時間は、子どもの理解度や問題の難易度にあわせて10
分前後にするとよい。

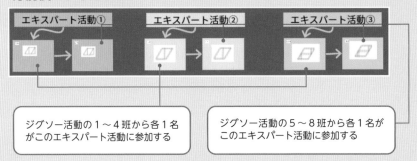

ジグソー活動の1〜4班から各1名
がこのエキスパート活動に参加する

ジグソー活動の5〜8班から各1名が
このエキスパート活動に参加する

❺エキスパート活動では、それぞれのカードに自由に記入しながら考え、
思考の軌跡を残すように指示する。共有ノートなので話しながら一緒
に書き込める。

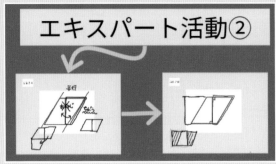

❻ エキスパート活動を終えたら、もとの班に戻り、ジグソー活動を開始！エキスパート活動でわかったこと、疑問に思ったことを班のメンバーに伝え、ゴール問題に取り組ませる。

❼ ジグソー活動では、エキスパート活動で作成したカードを見せあって話し合わせる（共有ノートだからできること！）。

❽ ジグソー活動を終えたら、各班の考えを発表する「クロストーク」をおこなう。ここでも共有ノートを見せながら発表して、思考の過程をクラス全体に共有する。

応用編

・ジグソー活動のあとに、新たな応用問題に取り組ませるとさらに理解が深まる。それぞれのエキスパートが活躍しながら教えあえる問題をいくつか準備すると、盛り上がる！

・みんなで取り組んだゴール問題。子どもたちに、その解き方、考え方をカードに記述させ、自分の「通常ノート」に送らせる。すると、自分のノートで、その単元の学びを整理できるようになる。

・ジグソー活動では個人の「振り返り」もしっかり残しておきたい。振り返りは、子どもたちに「テストカード」のアンケートで入力させると、かんたん！　結果もグラフで集計してみることもでき、次の授業に活かせる。

実践者からのワンポイントアドバイス

　子どもたち一人一人が役割をもち、エキスパート活動で知識や技能を高めて、もとの班でジグソー活動をおこないます。自分が役に立ち、問題・課題が解けていく経験は、学校だからこそできる学びです！
　成功の鍵は、子どものレベルにあった問題設定と授業での時間管理です。教師もファシリテーターとして新たなチャレンジを楽しみましょう！

（さいとう）

15

すべての謎は解けた！
「提出箱で学びあい」

こんな「困った」ありませんか？

● 子どもの疑問にはすべて答えたいけど……

2017年告示の中学校学習指導要領では、子ども自身が「物事の中から問題を見出」すことが求められています。具体的には、例えば国語なら、教材文に感じた疑問から、問題を見出す活動ができそうです。

しかし、そのような活動をした場合、40人の子どもから40通りの問題が出てきてしまいます。子どもがせっかく問題を見出しても、授業内でそのすべてを扱うことは難しいです。子どもたちの疑問をそのままにしておくことになると考えると、教師としては尻込みしたくなってしまいます。

ICTでこんな授業に変わる

● 子どもの疑問に、子どもたちが回答

子どもが見出したすべての問題は、子ども同士の協働によって考える「対話的な学び」で解決していきます。これにより、子どもの学びに対する興味・関心も高まり、「主体的な学び」も実現できます。

● 子どもたちが「見方・考え方」を働かせる

ロイロと筆者開発の教具「読み深めカード」を組みあわせて使うことで、子どもが協働する際に、それぞれの子どもが授業で習得した「見方・考え方」を働かせやすくなります。子ども同士で「見方・考え方」を学びあう機会が生まれ、学びあった「見方・考え方」を活用することで、「深い学び」につながります。

提出箱で全員の疑問・問題を共有して、みんなで対話して解決！

すべての疑問を拾える！

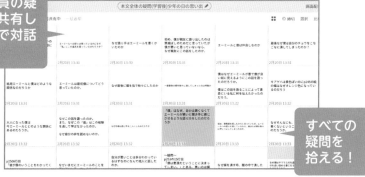

実践のポイント

- 子どもそれぞれが抱いた疑問、見出した問題を提出箱に出し、それをクラスの子ども全員で共有する。
- 子ども全員で提出箱に提出された疑問、問題を見て、それぞれ自分が答えられる問題に対し、生徒間通信を使って答えを送りあう。
- カードに明示された「見方・考え方」を働かせることを意識する。

やり方

STEP 1 準備編 ※本実践では、国語を題材としたやり方を紹介する。

❶ 単元のはじめに、文章を一読して感じた疑問や問題を提出箱に提出させる。学習の過程でその疑問などは解決され、単元の最後にはさらに高次の疑問に発展することもある。これにより子どもが自分の学びの発展を実感でき、興味・関心がさらに高まる。

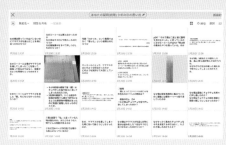

❶授業では子ども一人ひとりの疑問などを解決するヒントが見つかるような内容を心がける。また、協働の際に働かせるべき「見方・考え方」を子どもが意識できるように、「見方・考え方」をカード（「読み深めカード」）化し、明示する。そのカードを活用しながらディスカッション等を実施する。

「読み深めカード」は、読解を促進する方法をワンフレーズで明示したカードのこと。例えば「対比して考える」などと書いてある。全部で42枚あり、ロイロの「資料箱」に入れ、授業中に有用なカード数種を子どもが選んで活用する

❶単元の最後に、再度「提出箱」に疑問や見出した問題を提出させる。単元の最初の疑問が授業である程度解決されたあとで、なお疑問に感じたことは、子どもにとってなかなか解決できない高次かつ切実な疑問。その疑問を提出箱で共有し、子ども全員で見て、子どもそれぞれが自分の答えられる問題に対し、「生徒間通信」（P125参照）の機能を使って答えていく。

初め、罪悪感を感じたからと言っていたが、エーミールへの怒りを感じているなら、僕はなぜ蝶を粉々に押しつぶしてしまったのか。

子どもAの疑問
（教材はヘルマン＝ヘッセの「少年に日の思い出」）

子どもAの疑問に対する子どもBの答え

僕がチョウを粉々にしたのは罪滅ぼしではなく、
・自分（僕）が盗みをした悪いやつだという事
・自分がいう事を全くエーミールが理解してくれず、エーミールに軽蔑されたことの惨めさや恥ずかしさ
この2つのことが受け入れられず、その思い出を粉々にして消し去りたかった。
だからチョウを粉々にして消し去ったのではないか。

❷子どもが答えを送りあったあと、新たな提出箱をつくって、自分の疑問が解決したのかどうか、回答させる。まだ解決していないのであれば、再度その疑問についての回答を子どもたちに提出させる。解決していない問題は、子ども全員でディスカッションをしてすべて解決していく。教員は子どもが解決に近づくように、適切な支援をしていく。

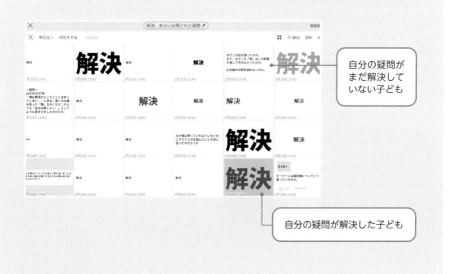

自分の疑問が
まだ解決して
いない子ども

自分の疑問が解決した子ども

実践者
からの
**ワンポイント
アドバイス**

　子どもそれぞれが提出箱を見て、答えられる疑問に生徒間通信の機能を使って答えるには、提出箱が「無記名」ではなく、名前を示した状態で共有されることが必要です。提出箱を共有するときに名前を出すことに誰も躊躇しない、安心・安全な学習環境を普段から整えておくことが大切です。

　それには子ども一人ひとりの疑問を解明することのすばらしさを実感できる授業展開に加え、誰かの疑問を馬鹿にすることが起こり得ない、適切な授業規律の確立も大切です。　　　　　　　（犬飼）

16 「特別活動の『学年の壁』突破大作戦」

児童生徒会・委員会活動がめちゃくちゃ活発になる！

こんな「困った」ありませんか？

● 学年・クラスをこえた特別活動の負担が大きい

児童会・生徒会・委員会などの特別活動では、複数の学年・クラスのメンバーがいて、連絡事項の配布・回収、共有が困難です。

また、文化祭などの企画などでは、子どもたちの意見交換や合意形成が難しく、担当の教師に調整の負担がかかったりすることもあります。

ICTでこんな授業に変わる

● 学年・クラスの壁をこえて連絡事項がすぐ共有される！

ロイロノートで、学年・クラスをこえたメンバーが参加する「授業」をつくると、オンラインで資料の配布・回収が一瞬でできます。

文化祭の各クラスに提出する書類や、体育祭での記録など、提出状況の確認もかんたんにできます。

● 子ども同士の話しあいも盛り上がる！

子どもたち同士も学年やクラスをこえて、児童会・生徒会・委員会、文化祭などの企画の打ちあわせがロイロノート上でかんたんにできるようになります。やりとりは教師からも見えるので、安心して見守ることができます。自宅からも意見のやりとりができるので、長期休業中や土日に学校に集まらなくても準備を進められます。

学年をこえた全クラスに一瞬で資料を送付できる！

子ども同士も学年・クラスをこえて活発に話しあいができる！

モザイクアート作成班 2023年4月2日(日) 19:30
アニメーション作成班 2023年4月2日(日) 19:27
模擬店担当班 2023年4月2日(日) 19:23
クラス企画担当班 2023年4月2日(日) 19:21
文化祭打ち合わせ 2023年4月2日(日) 19:12

実践のポイント

- 全校・全クラスに共有されるので、情報発信には気を付けるよう子どもたちに徹底させる。
- ロイロノート上での話しあいは教師もチェックし、必要があればアドバイスやコメントを入れると子どもたちも安心できる。

やり方

STEP 1 準備編

❶「授業の追加」を押して児童会・生徒会・委員会専用の「クラス」と「授業」を作成する。

研修会 1組
研修会

＋ 授業の追加

文化祭実行委員会　　　　　0人　クラス参加コード
新しい授業を作成
文化祭実行委員会定期ミーティング　　　作成

クラス参加コード

❷「クラス」の作成時に「クラス参加コード」を押すと、5桁の数字が表示されるので、アプリなどで子どもに送付する。

クラス名 文化祭実行委員会

24937

このクラスの参加コードは無効化されています。

❸ 子どもはトップ画面にある「クラス参加コードを入力」を押し、STEP1 ❷のコードを入力して授業に参加する。

クラス参加コードを入力して
ください

キャンセル　　　　OK

先生から示されたクラス参加コードを入力する

STEP 2 実践編

【資料の配布】
❶ 作成した授業に「ノートを新規作成」からノート（通常ノート）をつくり、共有したい資料などを「送る」にドラッグして、授業に参加している子どもに共有する。

資料はロイロでつくったカードのほか、PDFファイル・画像・動画なども提出できる

❷ 「送る」を押すと「タイムライン」が表示され、過去に送られてきた資料の履歴を見ることも可能。

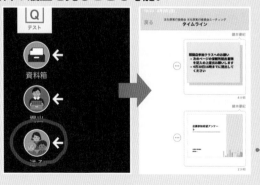

「アンケートカード」を使えばアンケートなども実施できる。また、「webカード」を使えば、インターネット上のウェブサイトも共有できるので、「スプレッドシート」「グーグルフォーム」などを活用することも可能

STEP **3** 展開編

【提出物の回収・添削・確認】

❶子ども側：「提出」に、提出する資料をドラッグ。
　教師側：「提出」を押すと、子どもから提出された資料の一覧を確認できる。

複数の学年、クラスから資料を回収する委員会活動では、提出物の表紙に学年・クラスを記入させたり、学年・団体ごとに表紙のカードを色分けしてもらうと確認の際に便利

❷提出された内容は、教師が手書きでコメントを書き、提出した子どもに返すこともできる。再提出した場合も、過去の履歴をいつでも確認できる。

提出物を選択し、ここを押すと提出履歴が見られる

提出された資料は PDF に書き出しができる（カードを開き、右上の三点ボタンから「書き出し」を押す）。メール添付や保護者に送付する場合に便利

【共有ノートを使った企画・アイデアの共有】

❸**教師側：打ち合わせをする子どもが参加する共有ノート（P23 参照）を作成する。**

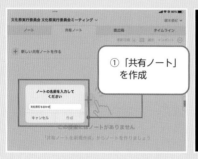

① 「共有ノート」を作成

② ここを押す

③ 打ち合わせをするメンバーを選択

❹**子ども側：共有ノートを使って企画・アイデアの共有などをおこなう。企画などの打ち合わせにはシンキングツールを使うと便利。**

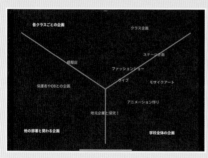

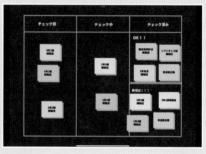

委員会の中のプロジェクトチームごとに共有ノートをつくると、分業がスムーズに進む

応用編

- 「資料箱」にアンケートを入れておくと、全校生を対象にしたアンケートがかんたんに実施できる。また、アンケートでは「ゲームモード」を使うことで人数無制限で早押しクイズができる。全校が参加するクイズ企画などをかんたんにおこなえる。

教師と子どもが見られる資料箱

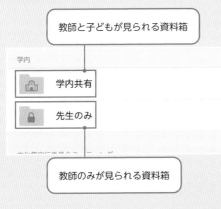

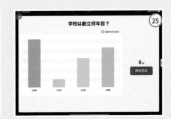

教師のみが見られる資料箱

- 2023年4月現在、ロイロノートでは提出箱の上限が500名に設定されている。500人以上の子どもが参加する場合、各クラスの代表者が自分のクラスから出されたものを取りまとめて提出することで、全校参加のプロジェクトが実施できる。

実践者からのワンポイントアドバイス

　委員会活動などは、複数学年・クラスにまたがっており、集合できる時間も限られていました。そのため、これまでは委員会向けの連絡や、全校を巻き込んだ企画はサポートする先生の負担が大変大きくなっていました。ロイロノートを活用することで、学年やクラスの壁をこえて、よりスムーズにクリエイティブな活動ができるようになるはずです。

（鍵本）

17 思考力が深まる 「シンキングツールの 自由選択作戦」

こんな「困った」ありませんか？

● せっかく紙で分類しても発表までにすごく時間がかかる

　教科書の節末のカードや、市販の付箋を並べてまとめ学習をする場面が結構ありますよね。発表させるために、成果物の写真を撮ったり、模造紙に並べたりしますが、時間がかかった経験はないでしょうか？　そんなお悩みは画像とシンキングツールを使えば解決できます。

ICT でこんな授業に変わる

● 思考のスピードと質が上がる

　シンキングツールは、使い方を説明しなくても、形から直感的に選んで、分類に使うことができますが、どれを使うかを教師が指定しがちです。今回ご紹介するスキルは、そうではなく、子どもが自由にシンキングツールを選ぶという実践です。

　理科の単元を題材にしていますが、どの教科でも、分類の基準を自分たちで考え表現することでわくわく度があがります。さらに人と違った表現はないか探りながら並び変えをするので自然と思考力が深まります。

● 子どもが試行錯誤するようになる

　シンキングツールを素早く切り替えることも可能です。分類の基準を変えて、子どもたちの思考を深めます。また、バラバラになったカードもすぐに思い通りに並び変えることができるので、失敗を恐れずに取り組めます。

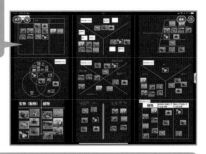

どのシンキングツールを選ぶとよいか、子どもたちが思考をめぐらせる！

同じテーマでもシンキングツールが違うと分類が変わるので、プレゼンがめちゃくちゃ盛り上がる！

実践のポイント

- 分類に使う資料は、あらかじめ教師が作成しておきシンキングツール上に綺麗に並べておく。
- 自由な発想でシンキングツール上で並び変えをおこなう。
- 分類の基準がわかるように考えさせておく。

やり方

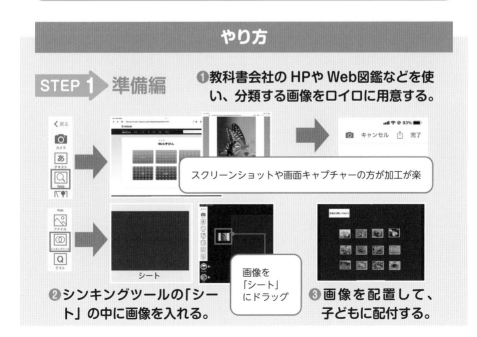

STEP 1 準備編

❶教科書会社の HPや Web図鑑などを使い、分類する画像をロイロに用意する。

スクリーンショットや画面キャプチャーの方が加工が楽

画像を「シート」にドラッグ

❷シンキングツールの「シート」の中に画像を入れる。

❸画像を配置して、子どもに配付する。

STEP 2 実践編

❶子どもは送られたシートで「シンキングツールの切り替え」を実行し、自分のイメージにあったシンキングツールを選ぶ。

シートを押し、「…」から「ツールの切り替え」を選ぶ

❷シンキングツールで分類を終えたら提出箱へドラッグし、提出させる。

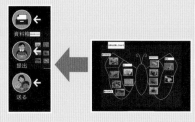

❹教員は「回答を共有」を押して回答を共有する。

「回答共有中」

STEP 3 展開編

❺グループをつくって、どのように分類するのが適切かを議論させる。議論で気付いたことをもとに、必要があればシンキングツールを切り替え、もう一度分類して、別の提出箱へ提出させる。

応用編

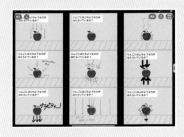

・例えば、重力という概念は初めから持ちあわせている子どもは少ない。そこで、重力について学習する前に、子どもたちが思っている重力のイメージを可視化して、全員で分類すると、教師側にも新たな発見があることも。

実践者からのワンポイントアドバイス

　ついついシンキングツールを指定しがちですが、分類の基準を自分たちで考え、並び変える方が子どもたちは盛り上がります。「場所」「時間」「形」など、それぞれが違った「観点」を組み合わせて分類をおこないます。なかなかアイデアが出ない子どもには、提出箱を公開設定にするのもポイントです。

　また、分類するカードは言葉だけでなく、ぜひ写真や図を使ってみてください。ビジュアルがあることで、子どもたちの想像力が刺激され、いつもより少し違った意見が出るようになります。　（門屋）

18 カード 10 枚と音声で勝負！
「いつでもどこでもプレゼン大会」

こんな「困った」ありませんか？

● 発表の時間が確保できない

　教科書をまとめたり、問題解決のレポートなどのプレゼンをしたいのですが、クラス全員がきちんと発表する時間が確保できなかったり、全員そろわなかったりすることも多いです。

　きちんと発表する時間や機会がないのに、子どもたちはプレゼンの準備に力が入るはずもありません。

ICT でこんな授業に変わる

● 場所を選ばず、本人の声の発表が聞ける

　子どもたちに、プレゼン内容を 10 枚のカードに録音させて、提出箱へ提出させます。教師が提出箱の「回答を共有」を押すと、子どもたちはお互いにプレゼンを聞くことができるようになります。話し方を工夫させることで、子どもはどうすれば相手に伝わるか何度も試行錯誤を繰り返すようになります。

● 時間の確保もかんたん！

　提出箱で共有されたプレゼンは、場所や時間を選ばずに、クラスメイト同士で確認することが可能となります。いわば「いつでもどこでもプレゼン大会」ができます。

　教師は「次の授業までに空き時間に見ておいて」と呼びかけることができるので、発表の時間が足りなくなる心配をすることもなくなります。

10枚のカードと音声で何をどんなふうに伝えるか表現力が鍛えられる！

子ども同士でいつでもどこでもプレゼンが見られるので、時間も節約できる！

実践のポイント

● 効果的な問題解決のために情報を整理するように呼びかける。
● 10枚のカードにまとめるため伝える情報を取捨選択させる。
● 文字・配色・挿絵などの視覚表現と、音声表現を工夫させる。

やり方

STEP 1 準備編

❶子どもたちにプレゼン資料を10枚のカードでまとめさせる。

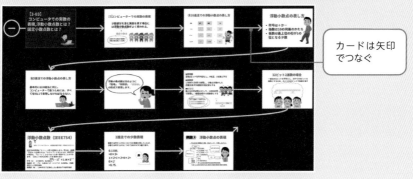

カードは矢印でつなぐ

STEP 2 実践編　❶カードを選択すると画面上部にメニューが表示されるので「録音」ボタンを押す。

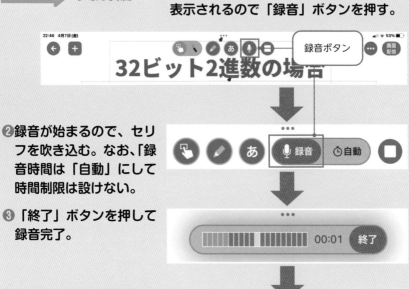

❷録音が始まるので、セリフを吹き込む。なお、「録音時間は「自動」にして時間制限は設けない。

❸「終了」ボタンを押して録音完了。

❹すると、カードの下部に音声の波形が表示される。自分の音声を確認したい場合は「再生」ボタンを押す。録音し直したい場合は、上書き保存が可能なので今回の手順を繰り返す。

❺同じ手順で10枚のカードに音声を録音する。終わったら、表紙（1番上のカード）を開き「再生」を押す。すると、そのカードの音声が再生され、終わると次のカードへと自動で送られ、連続で視聴できる。

98

STEP 3 展開編

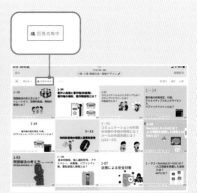

❶子どもたちに完成したプレゼン資料を提出箱に提出させる。全員提出したら教師が「回答を共有」をすると、子ども同士で互いのプレゼンが視聴可能になる。

応用編

・iPadの場合、カードを選択して出てくるメニューの「書き出し」→「動画」を押すと、「mp4」形式で動画をエクスポートすることが可能。この動画を、Edpuzzle（P130参照）などに取り込んで活用することもできる。

実践者
からの
ワンポイント
アドバイス

従来のプレゼン発表は、その場限りで終わりでしたが、今回のように動画にして残しておくことで、繰り返し確認できるなど、汎用性の高いプレゼン資料になります。Edpuzzleなどの他のアプリと連携すると、さらに学習効果の高い教材にすることも可能です。 (井上)

19

「書くことがない」がなくなる！

「ロイロ de 作文のアイデア出し大作戦」

こんな「困った」ありませんか？

● 書くのが苦手な子どもたち

　感想文、日記、説明文など学校の授業の中では様々な「書く」学習活動があります。ところが、「作文」と聞いただけで多くの子どもは「え〜」という反応をし、頭を抱えてしまいます。

　「え〜」の理由を聞いてみると、「文を書けない」「何を書いたらいいかわからない」「書くことがない」などと言うのです。

ICT でこんな授業に変わる

● シンキングツールで書くことを見つけるステップを取り入れる

　思考を補助するロイロノートのシンキングツールを活用して、子どもが原稿用紙に向きあう前に書くことを見つける「アイデア出し」のステップを導入しましょう。

　例えば、ベン図は「比較する」思考を補助するシンキングツールです。これを使えば、「AとBをくらべて、同じところや違うところを見つけて書く」ことが可能となります。他にも「多面的に見る」や「見通す」といった思考を補助するシンキングツールがあるので、学習活動に応じて選択して「書くこと」につなげることが可能です。書く準備がしっかりできれば原稿用紙に頭を抱える子どもの数はぐっと減るはずです。

　さらに、そうしたアイデアを全員で回答共有すれば、意見交換など、協働的な学習にもつながります。

書くべきことを整理して
文章にするだけ！

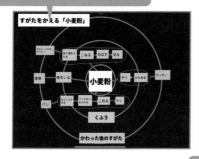

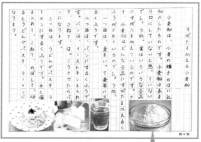

原稿用紙がどんどん埋まっていく！

実践のポイント

- どのシンキングツールを選ぶかによって、アイデアの内容も変わるので、あらかじめ教師が見通しを立ててテンプレートをつくる。
- 書く文章にあわせてシンキングツールにアイデアを出す「視点」を工夫させる。

やり方

STEP 1 準備編

❶教師がシンキングツールを選び、テンプレートを作成する(ここでは「同心円チャート」を使った事例を紹介)。

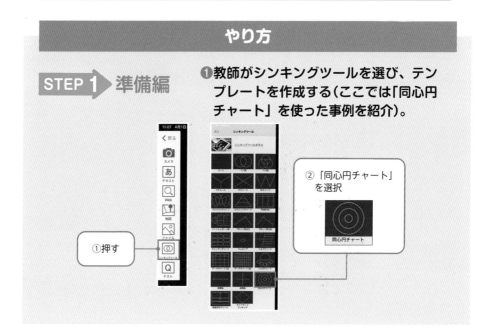

①押す

② 「同心円チャート」
を選択

同心円チャート

❷中心に「トピック」、周辺の輪に「意味」を書いたカードを配置する。画像は小学校３年生の国語「食べ物のひみつを教えます」での実践事例で、子どもが自分で選んだ「すがたをかえる題材」について、どのような工夫によって米が姿を変えているのかという説明文を書くためのテンプレート。

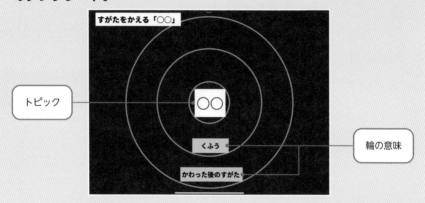

トピック

輪の意味

STEP 2 実践編

❶「送る」からカードを子どもに配布して、輪の「意味」をふまえながらアイデアを書かせる。

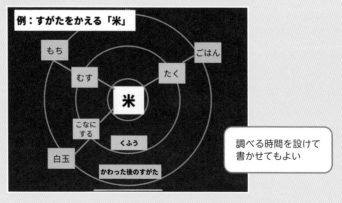

調べる時間を設けて
書かせてもよい

❷子どもたちのアイデア出しが終わったら、提出箱に提出させる。
必要があれば、子どもたちにアドバイスなどをする。

回答共有

❸また、「回答を共有」を押すと、クラス全員に共有されるので、ペア
やグループで説明がわかりにくいところを指摘しあったり、補足説
明をクラスメイトといっしょに考えたりなど、協働的なステップを
入れるのも有効。

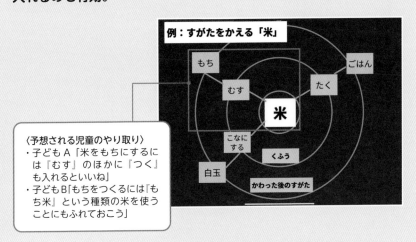

例：すがたをかえる「米」

もち
むす
ごはん
たく
米
こなにする
くふう
白玉
かわった後のすがた

〈予想される児童のやり取り〉
・子ども A「米をもちにするに
　は『むす』のほかに『つく』
　も入れるといいね」
・子ども B「もちをつくるには『も
　ち米』という種類の米を使う
　ことにもふれておこう」

❶書くことが定まり、作文の筋道ができたら原稿用紙に作文を書いていく。

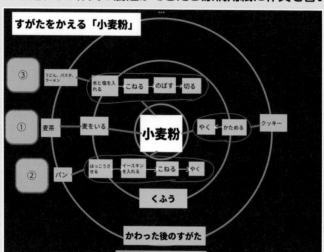

すがたをかえる「小麦粉」

③ うどん、パスタ、ラーメン — 水と塩を入れる → こねる → のばす → 切る

① 麦茶 — 麦をいる

小麦粉

やく ← かためる ← クッキー

② パン — はっこうさせる → イーストキンを入れる → こねる → やく

くふう

かわった後のすがた

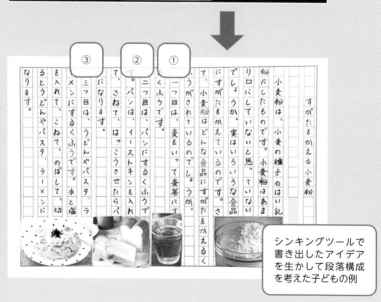

① ② ③

シンキングツールで書き出したアイデアを生かして段落構成を考えた子どもの例

応用編

・今回紹介した「同心円チャート」の他にも、様々なシンキングツールがあり、応用できる。

シンキングツール（思考スキル）から書く視点への例

ベン図（比較する）	同じところと違うところを見つけて書く
Y/X/Wチャート（分類する）	書き出したアイデアをトピックごとにまとめて書く
ピラミッドチャート（構造化する）	主張と根拠が明確になるようにして書く
フィッシュボーン（多面的にみる）	問題についての要因を分析して書く
PMI/KWLチャート（見通す）	3つの視点から意見を明確にして書く
同心円チャート（変化をとらえる）	アイデアを広げて見て書く

シンキングツールや思考スキルについてはここを押すと、詳しく学べる

実践者からのワンポイントアドバイス

　ロイロノートには23種類のシンキングツールが用意されていますが、種類が多すぎて逆に迷ってしまうこともあります。そんな時には「どんな思考を補助するツールか」という点に改めて着目し、使用するツールを決めるとよいです。また、学習活動に応じて子どもが使うツールを自分で選択できるようになるとすばらしいですね。　　　　　（山本）

20

みんなで同時に書き込めて、デザインを工夫できる！
「デジタル寄せ書き」

こんな「困った」ありませんか？

● 色紙に寄せ書きを書くときの物理の壁

　教育実習生や卒業生に寄せ書きした色紙を渡したいのですが、物理的な色紙は回すのに時間がかかります。

　また、一度書いたら、あとで書き直すのも難しいです。そんなこんなで、書くのに躊躇する子どももいるなどして、全員分がなかなか集まらずに困ってしまいます。

ICT でこんな授業に変わる

● 一人一台端末で同時に書き込む

　紙の色紙に寄せ書きを書くのではなく、ロイロノートの共有ノートにメッセージを書きましょう。共有ノートは共同編集が可能です。みんなが同時に書き込めて、編集作業もできるので、時間が節約できます。もちろん何度でも書き直し可能です。

● 完成した「デジタル寄せ書き」は全員で共有

　共有ノートで真ん中に集合写真を配置し、周りにテキストカードなど好きに装飾して完成させます。最後はスクリーンショット（画面保存）したデジタルデータを本人に「デジタル色紙」としてプレゼントできます。

　デジタル色紙は、書いた子どもたちの手元にも残るので、みんなで思い出を共有できます。

全員で同時に書き込めるので、「物理の壁」から解放される！

書いた色紙は、子どもたちの手元にも残り、みんなの思い出に！

実践のポイント

- 実施前に、「共有ノートで寄せ書きを書いてもらうよ」と予告しておく。
- 学校ではなく、家で書いてもよい。
- 最後にメッセージの位置や写真の配置などを「編集」するとクオリティが上がる。

やり方

STEP 1 準備編

❶「ノートを新規作成」から「共有ノート」を押す。

❷共有ノートの設定ボタンを押して、共有する子どもを選択する。

①設定ボタンを押す

②共有する子どもを選ぶ

STEP **2** 実践編

❶好きな色のカードを選
択し、「色紙」にする。

❷色紙に写真を配置する場合は、「ファ
イル」を押し、写真ファイルを選択
する。

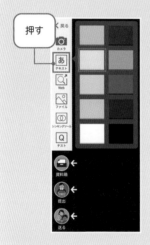

押す

①押す

②選択

❸子どもたちにメッセージを書かせる。各自好きなカードを選択して色
紙に配置し、コメントを書き込んでいく。

〇〇先生　ありがとう!!

STEP 3 展開編

最後に、レイアウトなどを整えて完成。自宅を含め学校以外の場所からも書き込んで完成させることができる。

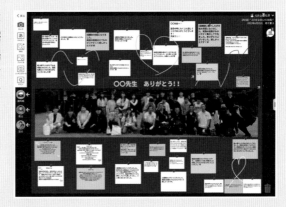

応用編

・共有ノートを使った別の活動としては、あらかじめ座席表を共有ノートで共有しておき、子どもたちの座席の場所に課題を教師の方で置いておき、子どもたちは自分の座席にある課題を学習し個別最適な学びにつなげることも可能である。

・シンキングツールを利用して、グループやクラスのみんなの思考の可視化をおこなうことで、より深い学びにつなげることも可能。

実践者からのワンポイントアドバイス

　共有ノートは、自分のカードを操作することはもちろんですが、他人のカードも操作することが可能です。意図しないカードの操作がおこなわれ、教師側の思うように進まないときがあります。はじめのうちは、機能のおもしろさを十分にみんなで楽しむ活動で活用し、慣れてきたら学習で活用していくと、スムーズに導入できるでしょう。　　　　　（井上）

21

YouTuber 気分で楽しく情報を伝える力を磨く

「みんなでシェアする ICT スキル動画づくり」

こんな「困った」ありませんか？

● 子どもたちが自由に「情報活用能力」を発揮する機会が少ない

子どもたちが資料を作成したり映像を作成したりするスキルがどれほど身に付いているのかを確認したいけれども、普段の授業では子どもたちに自由に端末を操作させる機会があまりありません。

便利な使い方や新しい操作方法を知っている子どもも多いので、それを教師を含めた全校で学べれば、学校全体の情報活用能力が上がりそうなのですが……。

ICT でこんな授業に変わる

● 役立つ資料や動画づくりを通じて、子どもの情報活用能力がアップ！

「ロイロの便利な使い方」や「効果的な発表の方法」など、動画やプレゼン資料を子どもたちが主体となってつくります。

思いがけない子どもが、YouTuber 気分ですごい動画をつくったりするので、とても盛り上がります。

● 子どもだけでなく、教師も動画から学んでスキルアップ！

子どもたちが自分でつくった資料や動画は提出箱に提出して共有します。子どもたち同士はもちろん、教師も子どもたちから端末やロイロの新しい操作方法を学べるでしょう。新入生に対して、年度当初に端末の使い方説明として使用することもできます。

子どもが主体となって、ICTのスキルを動画にまとめる！

子どもから思いがけないスゴイアイデアが出ることも！

どうやったら伝わるか一生懸命考えて、情報活用能力がアップする！

実践のポイント

- 実施する前に、「次の時間から動画づくりをする」と予告しておく。
- 自分だけが知っている端末の使い方や、みんなの役に立つロイロの使い方などを、あらかじめ考えてきてもらう。

やり方

STEP 1 準備編

❶動画を作成するための「準備シート」を用意する。

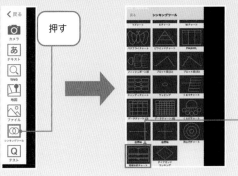

押す

❷「情報分析チャート」を選択。

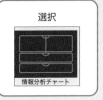

選択

情報分析チャート

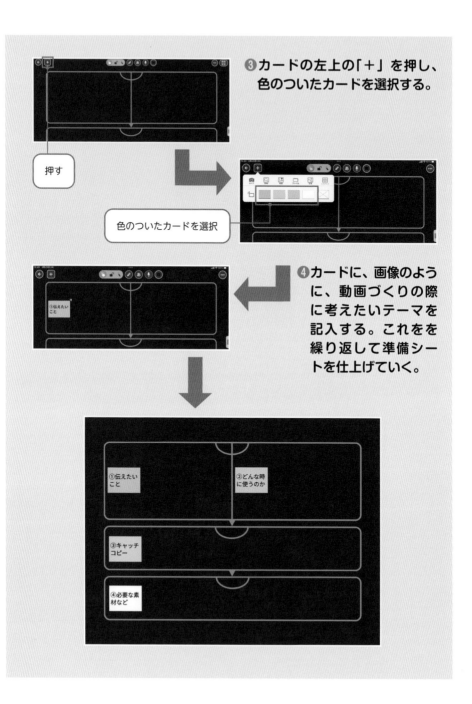

❸カードの左上の「＋」を押し、色のついたカードを選択する。

押す

色のついたカードを選択

❹カードに、画像のように、動画づくりの際に考えたいテーマを記入する。これをを繰り返して準備シートを仕上げていく。

①伝えたいこと

②どんな時に使うのか

③キャッチコピー

④必要な素材など

STEP 2 実践編

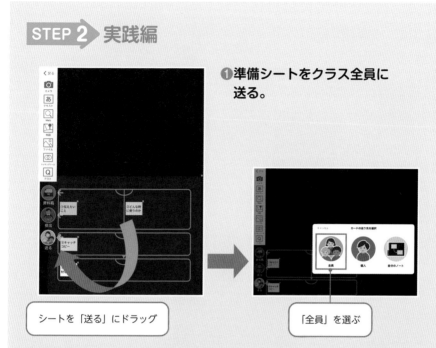

❶準備シートをクラス全員に送る。

シートを「送る」にドラッグ

「全員」を選ぶ

❷子どもたちにどんな動画をつくりたいかを書かせてから撮影へ入らせる。

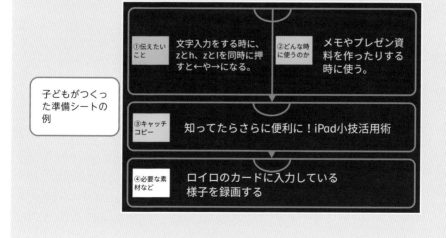

子どもがつくった準備シートの例

| ①伝えたいこと | 文字入力をする時に、zとh、zとlを同時に押すと←や→になる。 | ②どんな時に使うのか | メモやプレゼン資料を作ったりする時に使う。 |

| ③キャッチコピー | 知ってたらさらに便利に！iPad小技活用術 |

| ④必要な素材など | ロイロのカードに入力している様子を録画する |

STEP 3 展開編

❶動画を撮影していく。ここではロイロ内にある「カメラ」を使って撮影する方法とその編集方法を紹介する。

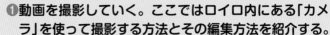

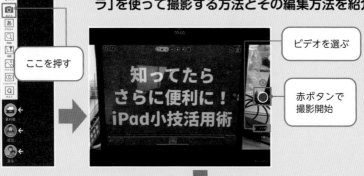

ここを押す

ビデオを選ぶ

赤ボタンで
撮影開始

ここを押す

❷もう一度赤ボタンを押して撮影を停止。確認して、動画として使えるなら右下に表示される「使う」を選ぶ。

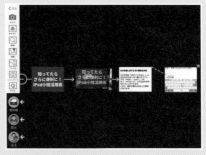

❸動画のカードができる。❶〜❸を繰り返して素材を集めていく。

❹矢印で動画のカードをつなぐ。これにより最初のカードの動画の再生が終わると、自動で次のカードの動画が再生されるようになる。

❺提出箱に動画を提出させて、「回答を共有」を押して、全員で視聴する。

応用編

・文字を入力したカードに音声を録音することで動画にしてもよい。

・ロイロ内の動画は編集も可能。動画を再生している最中に、動画を始めたいところで画面左下の「始」を押し、終わりたいところで右下の「終」を押すと、始めと終わりを設定できる。

マイクを押して録音を開始

実践者からのワンポイントアドバイス

　この実践で一番大切なのは、準備シートを書かせることです。準備シートを記入して、何を伝えるのかをはっきりさせてから動画撮影に入った方がスムーズに取り組めます。

　子どもは教師が思っている以上にいろんなスキルを知っていることが多いです。学期末や年度末の空いた時間に「スキルテスト」という形で動画を作成する機会を用意するのもよいでしょう。ぜひ、でき上がる動画をみんなで楽しんでみてください。

(小木曽)

22

わかりやすく、引継ぎも超かんたん！
「ロイロ de キャリアパスポート」

こんな「困った」ありませんか？

● 「キャリアパスポート」の管理・運用が意外と大変

　長期的な振り返りをおこない、その先の見通しを子ども一人ひとりがもてるように、総括ポートフォリオとしての「キャリアパスポート（詳細は右ページ参照）」の作成が求められています。しかし、日常のワークシートや日記・作文をそのまま蓄積することは現実的ではありません。

　また、学年や校種をこえてもちあがる際、紙での運用は手間がかかり、保管や引き継ぎも大変です。

ICTでこんな授業に変わる

● 教師間で引き継ぐ手間がなくなる

　キャリアパスポートのひな形を、ロイロノート上で子どもたちに送ります。子どもと保護者はそのひな形に記入し、各学年・学期の提出箱に送るだけで完了です。提出箱には毎回作成したキャリアパスポートが蓄積されていき、教師全員で内容を確認することができます。1か所に保管されるため、子どもがなくしてしまう心配もありません。

● 内容がわかりやすくなる

　デジタルなら、写真や動画などを使ってキャリアパスポートをまとめることもできます。工夫して、わかりやすくまとめることで振り返りに活かすことができます。

文字だけでなく写真や動画も
使えてわかりやすいキャリア
パスポートができる！

後から振り返りが
できて、引き継ぎ
もかんたん！

実践のポイント

- 提出したものは本人と教師だけが見られるようになっていることを伝える。
- 時間内に終わらない場合は、家庭で作業できるようにする。
- 書きっぱなしにならないように、定期的に前のものを振り返る機会を設ける。

● そもそも「キャリアパスポート」って？

　子どもが、学習や生活の見通しを立てたり、学んだことを振り返ったりしながら、自身の変容や成長を自己評価できるように工夫されたポートフォリオのことを指す (文部科学省「『キャリア・パスポート』の様式例と指導上の留意事項」2019)。

　小学校から高等学校を通じて、キャリア教育を充実させるべく 2020年から全国的に導入が開始された。

　文科省は上の画像のようなキャリアパスポートを例示している。本実践では、これをもとにロイロノートで活用できるようなポートフォリオを作成している。

やり方

❶ロイロノートの「管理ページ」を開く。

①押す

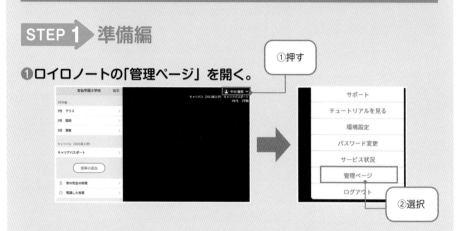

②選択

❷次のような画面が出てきたら、「ロイロノートでログイン」を選択し、学校ID・ユーザーID・PASSを入力してログインする。

※管理者権限をもっていない場合、わからない場合は、担当者の方に設定してもらう。

②学校ID
ユーザーID・PASS を入力

①選択

③選択

❸キャリアパスポート用のクラスを作成し、子どもの名前を追加する（このクラスは学年単位で管理し、6年間使用することになる）。

①押す

②新規クラス
を作成する

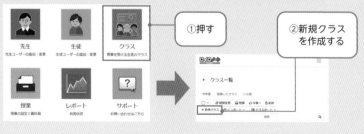

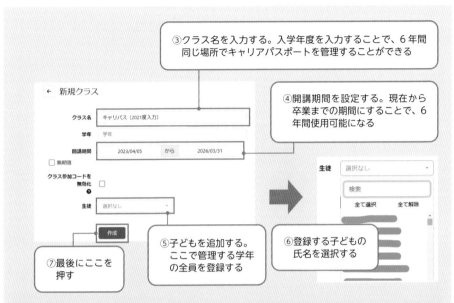

③クラス名を入力する。入学年度を入力することで、6年間同じ場所でキャリアパスポートを管理することができる

④開講期間を設定する。現在から卒業までの期間にすることで、6年間使用可能になる

⑤子どもを追加する。ここで管理する学年の全員を登録する

⑥登録する子どもの氏名を選択する

⑦最後にここを押す

❹管理者ページを閉じ、授業用ページを開く。先ほど作成したクラスを使えるように「授業の追加」から新しい授業を作成する。

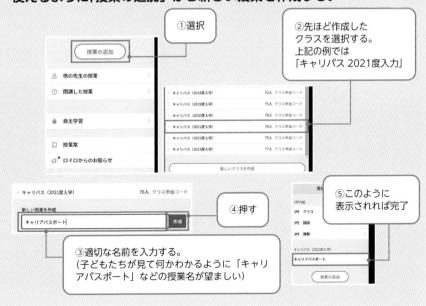

①選択

②先ほど作成したクラスを選択する。上記の例では「キャリパス 2021度入力」

④押す

⑤このように表示されれば完了

③適切な名前を入力する。（子どもたちが見て何かわかるように「キャリアパスポート」などの授業名が望ましい）

119

❺キャリアパスポートのひな形を作成し、子どもたちに送る。

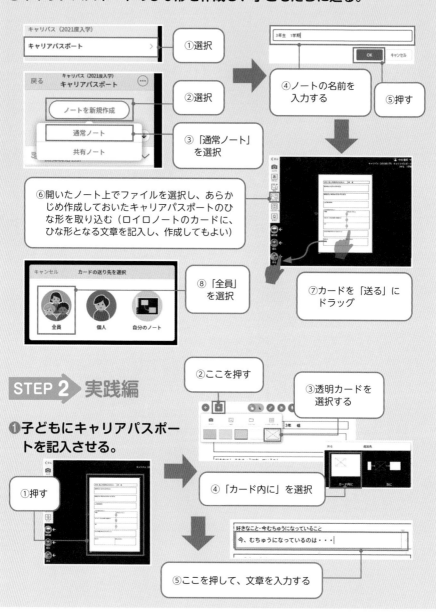

キャリパス（2021度入学）

キャリアパスポート >

①選択

戻る　キャリパス（2021度入学）
キャリアパスポート …

②選択

ノートを新規作成

通常ノート

共有ノート

③「通常ノート」を選択

3年生　1学期

OK　キャンセル

④ノートの名前を入力する

⑤押す

---

⑥開いたノート上でファイルを選択し、あらかじめ作成しておいたキャリアパスポートのひな形を取り込む（ロイロノートのカードに、ひな形となる文章を記入し、作成してもよい）

キャンセル　カードの送り先を選択

全員　個人　自分のノート

⑧「全員」を選択

⑦カードを「送る」にドラッグ

STEP 2　実践編

❶子どもにキャリアパスポートを記入させる。

①押す

②ここを押す

③透明カードを選択する

3年　組

④「カード内に」を選択

戻る　追加角

カード内に　次に

好きなこと・今むちゅうになっていること

今、むちゅうになっているのは・・・

⑤ここを押して、文章を入力する

❷記入し終えたら、キャリアパスポートを指定した提出箱に提出させる。

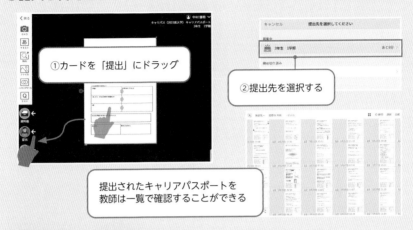

①カードを「提出」にドラッグ

②提出先を選択する

提出されたキャリアパスポートを
教師は一覧で確認することができる

応用編

・文章を記入するだけでなく、写真や
動画を挿入することでわかりやすく
まとめることが可能になる。後から
振り返る際の材料にもなる。

○1年間をまとめましょう

この一年で、一番楽しかったこと、その理由

この一年で、できるようになったこと

実践者からの**ワンポイントアドバイス**

　キャリアパスポートは、続けていくからこそ意味
があるものだと考えています。書きっぱなし、振り
返りっぱなしにならないように、次の学期や学年、
校種で活かすことが大切です。ロイロノートで管理
することで、過去のキャリアパスポートへのアクセ
スが容易になります。子どもたちの自己実現を充実
させるためにも、ぜひご活用ください。　　（中村）

23 個別ノートでかんたん実現！
「進路指導の個別最適化」

こんな「困った」ありませんか？

● **進路指導の準備が大変**

　30名超のクラスの進路指導をするときに、それぞれの進路が違うので、30通りの進路指導の資料を用意しなければなりません。そのため、これまでは子どもたちごとにファイルなどを用意して、個別に紙の資料を入れるなどして進路指導をしてきましたが、煩雑になりやすく資料を整理するのがとても大変でした。

ICT でこんな授業に変わる

● **端末１つで進路指導ができる**

　ロイロノートで進路指導の「授業」をつくり、クラスの人数分のノートを作成し、子どもたちの名前をつけて保管します。

　進路指導をするときには、子どもたちのノートを開けば、すぐに必要な資料を確認できます。端末１つですべてが済み、膨大なファイルを保管しておくスペースも不要になります。

● **Web カードの活用で確認したいホームページを共有**

　「Web カード」を使えば、子どもたちに必要なウェブサイトを共有することもできます。似たような進路の子どもには、共通の資料を再利用することもかんたんです。保護者 ID がある自治体や学校ならば、保護者にも同じようにかんたんに資料の共有ができます。

子ども一人ひとりに最適な進路指導ができる！

教師の資料整理の手間も楽になる！

子どもが進路を自分ごとのように考えられる

実践のポイント

- 極めて重要な個人情報を扱うため、ノート1つにつき子ども一人の資料を保管し、混同しないように注意する。
- 子どもの聞き取りや成績なども一緒に管理することも可能（他者と共有しないように厳重に注意すること）

やり方

STEP 1 準備編

❶「新しいノートを作る」から「通常ノート」を作成し、ノートの題名を学籍番号と氏名にする。

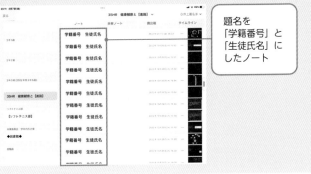

題名を「学籍番号」と「生徒氏名」にしたノート

❶例：ある子どもには小論文などの過去問を用意しておく。

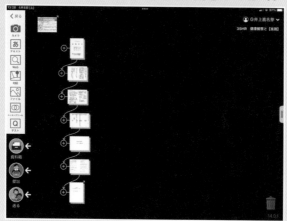

❷例：ある子どもには進学先の比較をするために Web カード(P38 参照)
を用意しておく。

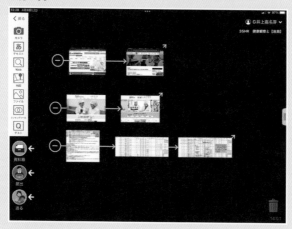

STEP 3 展開編

❶教師から提案資料や子どもたちの希望の資料を送受信することで、子どもの希望を最大限実現するサポートが可能となる。
なお、子どもたちには保護者とも情報共有することを伝えると、より現実的な希望に近づくことができるようになる。

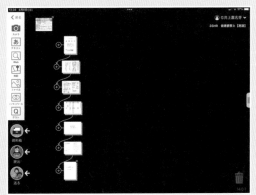

応用編

・今回は通常ノートを使ったが、共有ノートで、子どもと教師で同時編集しながら資料を充実させていくこともできる。
・「生徒間通信」をオンにすれば、同じ進路を目指す子ども同士でカードを共有することも可能となる（この場合、成績などの個人情報は絶対に含めないこと）。

ここを押す

押すと生徒間通信がオンになる

実践者からの**ワンポイントアドバイス**

　　進路指導は担任の大事な業務です。進路指導の資料を整理し、子どもと保護者と教師が連携して相談できる環境を整えることで、家庭からの教師への信頼も増していきます。　　　　　　　　　　（井上）

24

採点がダンゼン楽になる！
「デジタル赤ペン先生」

こんな「困った」ありませんか？

● テストの採点や返却が大変

　採点関連の業務は学校の働き方における課題の１つです。従来通りに赤ペンで採点する場合、間違った際の修正や一人ひとりへの返却は大きな負担でした。もっとかんたんになればよいのにと思ったことがある人は少なくないはずです。しかも、紙のテストは一度子どもに返却したら、教師は後で見返して確認することができなくなります。

ICTでこんな授業に変わる

● 端末でかんたん採点！　間違っても即修正できる！

　ロイロで採点すれば、間違っても修正の痕跡は一切残りません。修正がまるでなかったような状態でテストを返却することができ、子どもや教師にとっても見やすく、気持ちがよいものになります。また返却後に点数間違いが発覚した場合でも、わざわざ付箋などにメモをとらずとも後からゆっくり見返して成績の修正が可能です。

● 返却も一瞬、出張先からもできる！

　ロイロの「送る」機能で、子どもと直接会えなくとも試験を返却することができます。子どもが欠席したり、教師が出張で学校にいなかったりする場合でも、ロイロ上でテストを返却することでスムーズかつ時短で業務を進めることができます。

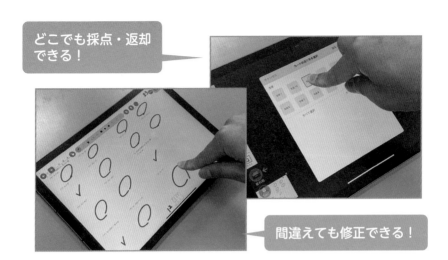

どこでも採点・返却
できる！

間違えても修正できる！

実践のポイント

- あらかじめ「この日にテストをロイロで返却するよ」と予定を伝えておく。
- 修正期間を設け、期間中に採点ミスがないかを子ども自身に確認させる。
- タブレット端末とタッチペンを用意すると、作業がスムーズになる。

やり方

STEP 1 ▶ 準備編

❶採点するテスト用紙をロイロに取り込む（使用する端末によって、操作方法が異なるので注意。以下はPDFにして取り込む方法）。

②対象のファイルを押す

③「開く」押す

①「ファイル」を押して、テストの保存先を選択（テストのデータは、あらかじめ端末に保存しておく）

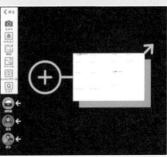

STEP 2 実践編

❶採点：取り込んだテストを、ペンツールで採点する。教科や形式にあわせた、さまざまな採点の工夫をすることも可能。

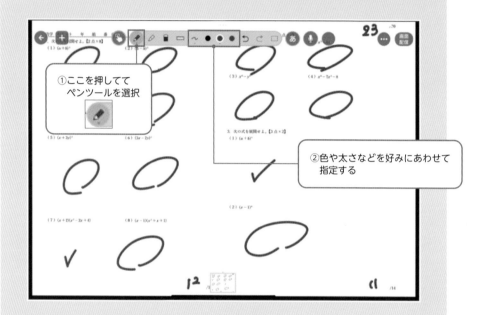

①ここを押してて
ペンツールを選択

②色や太さなどを好みにあわせて
指定する

❷採点ミスがあった場合は、「１つ戻る」機能ですぐに戻すことができる。消しゴムツールで直接修正することも可能。

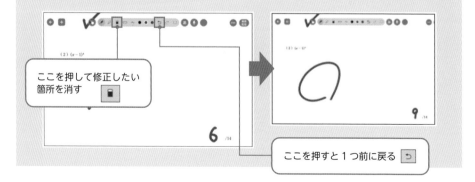

ここを押して修正したい
箇所を消す

ここを押すと１つ前に戻る

STEP 3 展開編

❶返却：採点した試験を「送る」機能で子どもたちに返却する。

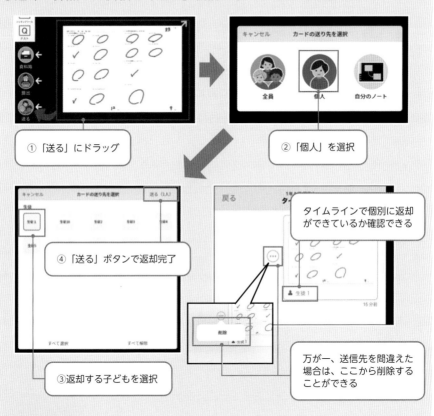

① 「送る」にドラッグ

② 「個人」を選択

④ 「送る」ボタンで返却完了

タイムラインで個別に返却ができているか確認できる

③返却する子どもを選択

万が一、送信先を間違えた場合は、ここから削除することができる

実践者
からの
**ワンポイント
アドバイス**

　　テストを返却した後、試験勉強のやり方や間違えた理由をシンキングツールで分析したり、解き直しをしたりして提出箱に提出すると、次のステップに進めることができます。返却して終わりではなく、その先どうするべきか指導者の思いを伝えるとより効果的です。　　　　　　　　　　　　（武内）

25

教育動画の活用効果がめちゃくちゃ上がる

「動画視聴マネージメント術」

こんな「困った」ありませんか？

● 動画を見るよう指示しても視聴したかどうかはっきりしない

宿題として、子どもたちに「Web カード（P38 参照）」で授業に関係する YouTube の動画を家で視聴するように指示しても、子どもたちが実際に視聴してきたかはわかりません。あとでテストをして、理解していないことが判明しても、取り戻すのは容易ではありません。

ICT でこんな授業に変わる

● 動画視聴管理がらくらく超かんたん

「Web カード」で「Edpuzzle」というサービスの「Open Class カード」を送信し、そこから動画視聴させます。すると、教師側が子どもたちの動画視聴の状況を管理できるようになるので、見ることができていない子どもたちへ声かけやサポートが可能となります。

Edpuzzle は、世界 190 カ国、260 万人の教師たちに活用されているブラウザベースの授業動画作成ツールです。「Open Class」は、子どもたちがアカウント登録なしで同サービスを活用できる機能です。

● YouTube の動画に問題を挟んで配信も可能

Edpuzzle を使えば、YouTube の動画に教師が問いかけたい問題を挟むことができるようになります。問題の正答率も管理できるため、学習が上手くいっていない子どもにアドバイスもしやすくなります。

ちゃんと指示した動画を見たか教師が把握できるようになる！

YouTube 動画の合間に問題を挟み込むこともできる！

実践のポイント

● 動画を見ていない子どもには、一方的に叱るのではなく、見ることができない理由があるはずなので、適切にサポートする。
● 急に家庭で動画を見るように伝えても子どもの予定も狂うので、事前に予定を伝え、計画的に配信する。

やり方

STEP 1 準備編

❶ Edpuzzleのサイトからログイン（初回は「Sign up」からユーザー登録）。

ここからログイン

初回はここを選択

❶ Edpuzzle で Classroom を作成する。

①押す

②押す
Create new class

≡ 🧩 edpuzzle

🧭 Discover

📁 My Content
🏛 My Network
🔔 Notifications

MY CLASSES ⊞ ︿

Add a new class ×

Create new class

Connect your LMS class

Google Classroom	Microsoft Teams	Clever
Canvas	Schoology	Moodle
PowerSchool	Blackboard	Blackbaud
D2L Brightspace		

③ここに Classroom の名称を入力

④「Open」を選ぶ。これにより、子どもたちは Edpuzzle のアカウントなしで、参加できるようになる（「Classic」は、アカウントをもっていない子どもは参加できないモード）

Create new class ×

Name
かなめのOpen Class

Description   Optional
Add a description

Grade level
10th grade ⌄

Subject
Computer Science ⌄

Class type
○ Classic   ● Open

Are you an elementary teacher or just want to use Edpuzzle for quick practice? For open classes, your students just have to enter a class code to join – no account required! See your students' progress for each video lesson you assign.

☐ Let Edpuzzle generate students' nicknames

⑤ここにチェックを入れると、子どもたちが参加するときに自動で名前が割り振られるようになる（匿名で実施したいときはこちら）。チェックを外しておくと、子どもたちが参加するときに名前の入力が必要となる

Create class

⑥押す

❷ **Classroom を作成したら子どもたちを招待する。**

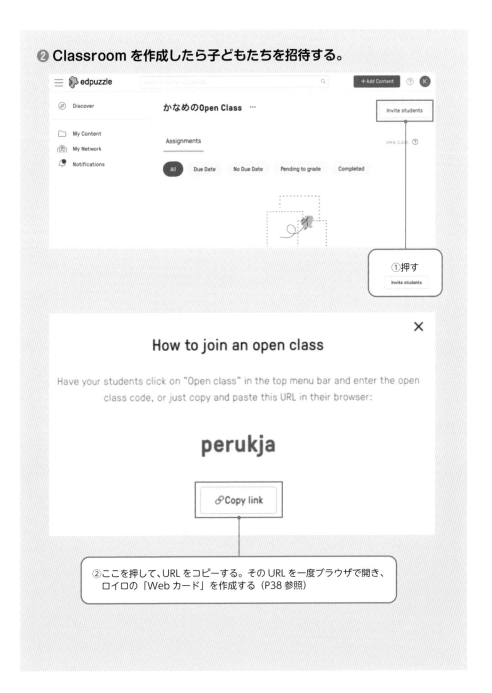

①押す

Invite students

②ここを押して、URL をコピーする。その URL を一度ブラウザで開き、ロイロの「Web カード」を作成する（P38 参照）

❸ 作成した Web カードを「送る」などで子どもたちに配信する。

①子どもたちは web カードを開いてここを押すとリンク先に飛ぶ

❹ ニックネーム（実名にさせる）を入力して Open Class に参加させる。

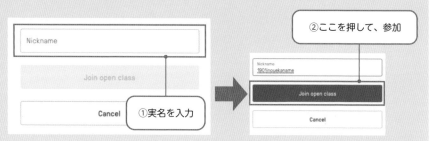

②ここを押して、参加

①実名を入力

❺ Edpuzzle の教師の管理画面を開き、見せたい YouTube の URL を入力すると「My Content」に動画がストックされるので配信する。

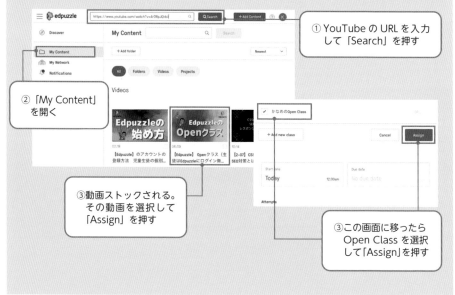

① YouTube の URL を入力して「Search」を押す

②「My Content」を開く

③動画ストックされる。その動画を選択して「Assign」を押す

③この画面に移ったら Open Class を選択して「Assign」を押す

STEP 3 ▶ 展開編

❶子どもたちは配信された Web カードから Edpuzzle の Open Class を開き、配信された動画を押して視聴する。

> ここを押すと動画が流れる

応用編

・教師アカウントには管理画面が保存され、子どもたちの動画視聴状況を確認できる。
・動画に問題を入れることも可能。

実践者
からの
ワンポイントアドバイス

　YouTube には教育効果が高い優良な動画があります。しかし、子どもたちに URL を教えても実際に視聴したかどうかわからなくて困っていました。そんなとき、Edpuzzle の存在を知り、ロイロの Web カードを組み合わせることで、動画の視聴管理ができるようになり、授業改善につながりました。また、「いつでもどこでもプレゼン大会（P96参照）」でも、子どもたちが作成したプレゼン資料動画を Edpuzzle と組み合わせて配信することも可能です。　　　　　　　　　　　　　　　　（井上）

26

最新情報・詳しい情報をどんどん加えていく
「みんなでつくる防犯マップ」

こんな「困った」ありませんか？

● 通学路マップや防犯・危機管理マップの作成が大変

　防犯や危機管理を保護者へ通知する場合、地図を紙に印刷し、教師が危険な場所や過去に事故が起きた場所に印をつけたり、手で書き込んだりすることが多かったのではないでしょうか。しかし、手書きだと、マジックで書いた後に間違に気付いても消せません。

● 共有するには必要枚数印刷しなければいけない

　手書きのマップの場合、危険な場所などを保護者へお知らせする場合には人数分コピーして、全員に配布する必要がありました。白黒コピーだと見づらいですし、細かい文字がつぶれてしまうこともあります。印刷や配布の時間、インク代、用紙などのコストももったいないです。

ICT でこんな授業に変わる

● デジタルの地図に書き込んでいく

　手書きではなく、必要な情報をロイロの「地図カード」に書き込みましょう。カラーで見やすいですし、間違えてもかんたんに修正することができます。配布したい場合は、資料箱へ入れるだけで一瞬で完了です！さらに、新たに危険個所が判明した場合は、情報を追加更新していくことができます。保護者や子どもから情報提供があれば、マップに追加し、どんどん成長させていくことが可能です。

カラーで見やすい防犯マップがつくれる！

情報更新もかんたん！

実践のポイント

- 校内で地区担当を決めて書き込むとより詳しい防犯マップができる。その際、書き込む内容や記号などは統一する。
- 完成した地図をそのまま配布すると、書き込みに触ってしまって、記号の位置などがずれる可能性がある。スクリーンショットをとって編集できなくして配布するとよい。

やり方

STEP 1 準備編

❶ツールバーの「地図カード」から校区のマップを準備する（「地図カード」はアプリ版のみの搭載。WEB版のロイロを使用している場合は、「WEBカード」で Google Mapなどを利用する）

① 「地図カード」を選択

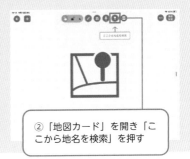

② 「地図カード」を開き「ここから地名を検索」を押す

③検索バーが表示されるので地名を入力

④出てきた地名を押す

⑤選択した地名はピン止めされる。必要なければ下のボタンで削除できる

⑥地図を表示できたら「完了」を押して地図カードの作成が完了

地図は「地図＋写真」と「航空写真」に切り替えることも可能

❷完成した地図カードを資料箱に入れるか、あるいは「送る」にドラッグし、教師間で共有する。

 STEP 2 実践編

❶地図カードを共有された教師は、資料箱などから出して危険個所などを書き込んで、また資料箱に戻し、情報を更新していく。

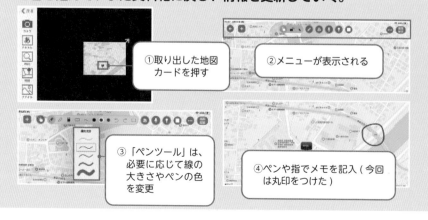

①取り出した地図カードを押す

②メニューが表示される

③「ペンツール」は、必要に応じて線の大きさやペンの色を変更

④ペンや指でメモを記入（今回は丸印をつけた）

❷地図カードの中にカード in カードで注意事項などを入力することも可能。

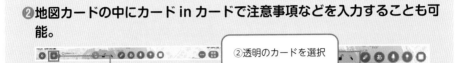

② 透明のカードを選択

① 「＋」を押してカードを出す

③ 「カード内に」を選択

④注意事項などを入力する

交通量が多い

STEP 3 展開編

❷子どもたちや保護者にも、通学時に危険だと思ったところを報告してもらい、マップに書き込んで共有していく。

横断歩道を白いペンで描いた例

応用編

・最初から共有ノートで作成すれば、資料箱への保存や「送る」機能を使わずに全員で編集が可能となる。

実践者
からの
**ワンポイント
アドバイス**

　ロイロ導入以前、細かい地図をオリジナルで手描きしたり、購入した古い地図に新しい建物を描き足して使用したこともありましたが、複雑で見づらいのが悩みでした。それが、ロイロの「地図カード」なら新しい地図がかんたんに使用でき、拡大や縮小もできるので、とても便利になりました！
　子どもたちにも保護者にも、リアルな地図でよりわかりやすいと好評です。　　　　　　（黒川）

おわりに―

ロイロノート活用の
ポイント

● ICT を使いこなしている先生方に共通していること

　『ロイロノートの ICT"超かんたん"スキル―令和の日本型学校教育編』をお手にとっていただいて、また、最後までお読みいただきありがとうございます。

　全国の先進的な先生方が集まっていただき、このような形で本が出せたこと、とてもありがたく思っています。

　2019 年の GIGA スクール構想スタート以来、全国の学校にタブレット端末が導入され、一斉に ICT を活用した学習がスタートし、ICT 化が進みました。しかし一方で、ICT 化の効果を感じられないという先生や、もっと授業をよくしていきたいという思いをもたれながらも、何をしたらよいかわからないという先生方も多いのではないかと思います。

　私は、ロイロノート・スクールの導入を通じて、全国の学校の先生方と関わらせてもらってきました。この交流を通じて、私は ICT を効果的に活用されている先生方には、ある共通点があると感じるようになりました。それは、次の３つです。

---

① 授業で子どもにどのような力を身に付けてほしいのかはっきりさせること
② ①を踏まえて授業のねらいをはっきりさせること
② ②で定めた授業のねらいを達成するには、ICT をどう活用するのか考えていくこと

● 「育てたい子ども像」をイメージして ICT を使いこなす

それぞれについてかんたんに説明します。

① 授業で子どもにどのような力を身に付けてほしいのかはっきりさせること

ICT を活用して授業を改善したいときに、最も大切なのはこの①のポイントだと思います。

子どもが自分の授業を通じて、どのように変わっていってほしいのか、どんな力を身に付けた大人になっていってほしいのか。

それを自分で言語化したり、同じ教科や学年・学校の先生方と話しあったりすることがまずは大切です。そして、この話しあいに、シンキングツールや共有ノートなど、この本で紹介したツールを活用することで ICT の活用方法を学ぶとともに、教育に対するビジョンがスムーズに学校全体で共有されるのかなと思います。

② ①を踏まえて授業のねらいをはっきりさせること

①で身に付けさせたい力がはっきりしたらそこから、授業のねらいを考えていきます。

例えば、「主体的に発信していく力を身に付ける」を一番大切に考えている場合と、「論理的に思考する」を一番大切に考えている場合では授業におけるねらいが変わってくると思います。

これも、シンキングツールを使って授業の流れを可視化して、「この授業で自分が考えている力が本当に身に付くのか」自問してみたり、可視化された流れを他の先生に共有して一緒に話しあったりすることで、よりねらいに迫った取り組みができるでしょう。

③ ②で定めた授業のねらいを達成するには、ICT をどう活用するのか考えていくこと

その授業のねらいがはっきりしたら、授業の中で ICT をどのように活用するのか考えていきます。

最初は子どもの考えを写真にとって提出箱に提出させてお互いに確認するだ

けでも、これまでになかった流れが生まれると思います。

　より、双方向型の授業をめざして、子どものやりとりを活発におこなうためには共有ノートや生徒間通信が有効です。

　みなさんの授業のねらいを実現するためにはどのような授業の場面が必要かを考えていくことで、この本の中の様々なアイデアがみなさん自身の実践の中でより効果的に活用されていくと思います。

● ICT は特別なものではありません

　ICT の利活用が少しずつ進んできたことで、今、「授業をどうしていくか」という流れの中で ICT を語ることができる場面が増えてきているように感じます。

　ICT を特別なものだと考えず、子どもがどんなふうに育ってほしいか、どんな力を身に付けてほしいかを考えて、そのために道具の 1 つとして ICT も活用していく、という順番で考えることで、ICT が授業改善の大きな味方になるはずです。

2023 年 7 月　**鍵本優紀**

【編著者プロフィール】 ※代表執筆者以外は五十音順

和田誠（わだ・まこと）＜代表執筆者＞
愛光中学・高等学校教諭。ロイロ認定ティーチャー
／シンキングツールアドバイザー／ロイロ授業デ
ザイントレーナー

井上嘉名芽（いのうえ・かなめ）
東奥義塾高等学校（ロイロ認定校）教諭。ロイロ
認定ティーチャー／シンキングツールアドバイ
ザー／ロイロ授業デザイントレーナー／共有ノー
トアドバイザー／LEG弘前共同リーダー

小木曽賢吾（おぎそ・けんご）
多治見西高等学校附属中学校（ロイロ認定校）教
諭。ロイロ認定ティーチャー／シンキングツール
アドバイザー／ロイロ授業デザイントレーナー／
共有ノートアドバイザー

黒川智子（くろかわ・ともこ）
福岡県行橋市教育委員会。ロイロ認定ティー
チャー／シンキングツールアドバイザー

田中栄太郎（たなか・えいたろう）
日本女子大学附属豊明小学校教諭。ロイロ認定
ティーチャー／シンキングツールアドバイザー／
ロイロ授業デザイントレーナー／LEG目黒副リー
ダー

吉金佳能（よしかね・かのう）
宝仙学園小学校教諭。ロイロ認定ティーチャー／
シンキングツールアドバイザー

澁谷洋平（しぶや・ようへい）
（株）LoiLo。教育ICTコンサルタント／シンキン
グツールアドバイザー

鍵本優紀（かぎもと・ゆき）
（株）LoiLo。教育ICTコンサルタント／シンキン
グツールアドバイザー

【協力】

（株）LoiLo

【著者プロフィール】 ※五十音順

青山雄司（あおやま・ゆうじ）
東京都世田谷区立尾山台中学校教諭。ロイロ認定
ティーチャー／シンキングツールアドバイザー／
ロイロ授業デザイントレーナー／LEG世田谷副
リーダー

市野嘉也（いちの・よしや）
元津市立西橋内中学校教諭。ロイロ認定ティー
チャー／シンキングツールアドバイザー／ロイロ
授業デザイントレーナー／共有ノートアドバイ
ザー／LEG三重リーダー

犬飼龍馬（いぬかい・りょうば）
立命館守山中学・高等学校教諭。ロイロ授業デザ
イントレーナー

遠藤隆平（えんどう・りゅうへい）
岡山市立横井小学校教諭。ロイロ認定ティー
チャー／LEG岡山リーダー

門屋孝明（かどや・たかあき）
済美平成中等教育学校（ロイロ認定校）教諭。ロ
イロ認定ティーチャー／ロイロ授業デザイント
レーナー

斎藤真彦（さいとう・なおひこ）
横浜市立金沢高等学校教諭。ロイロ認定ティー
チャー／ロイロ授業デザイントレーナー／共有
ノートアドバイザー

武内俊樹（たけうち・としき）
関西学院高等部教諭。ロイロ認定ティーチャー／
シンキングツールアドバイザー／共有ノートアド
バイザー

中村天良（なかむら・てら）
大商学園高等学校教諭。ロイロ認定ティーチャー
／ロイロ授業デザイントレーナー／共有ノートア
ドバイザー

中村優希（なかむら・ゆうき）
宝仙学園小学校教諭。ロイロ認定ティーチャー

浜屋陽子（はまや・ようこ）
白百合学園小学校教諭。ロイロ認定ティーチャー
／ロイロ授業デザイントレーナー／LEG目黒副
リーダー

山本雄登（やまもと・ゆうと）
宝仙学園小学校教諭。ロイロ認定ティーチャー／
シンキングツールアドバイザー／共有ノートアド
バイザー／LEG静岡リーダー

理想の授業が明日スグできる！

ロイロノートのICT "超かんたん" スキル
―令和の日本型学校教育編

2023年8月10日　　初版発行

著　　　者 ：和田誠（執筆者代表）
発　行　者 ：花野井道郎
発　行　所 ：株式会社時事通信出版局
発　　　売 ：株式会社時事通信社
　　　　　　〒104-8178　東京都中央区銀座5-15-8
　　　　　　電話03(5565)2155
　　　　　　https://bookpub.jiji.com/

デザイン／DTP　　株式会社 イオック
印刷／製本　　株式会社 太平印刷社
編集担当　　大久保昌彦